HERNANDES DIAS LOPES
& ARIVAL DIAS CASIMIRO

CONVITE AO ENCORAJAMENTO

TRANSFORMANDO VIDAS PELO
PODER

© 2022 Hernandes Dias Lopes & Arival Dias Casimiro

1ª edição: maio de 2022
2ª reimpressão: dezembro de 2022

REVISÃO
Nilda Nunes
Ana Maria Mendes

DIAGRAMAÇÃO
Catia Soderi

CAPA
Rafael Brum

EDITOR
Aldo Menezes

COORDENADOR DE PRODUÇÃO
Mauro Terrengui

IMPRESSÃO E ACABAMENTO
Imprensa da Fé

As opiniões, as interpretações e os conceitos emitidos nesta obra são de responsabilidade do autor e não refletem necessariamente o ponto de vista da Hagnos.

Todos os direitos desta edição reservados à

EDITORA HAGNOS LTDA.

Rua Geraldo Flausino Gomes, 42, conj. 41
CEP 04575-060 — São Paulo, SP
Tel.: (11) 5990-3308

E-mail: hagnos@hagnos.com.br
Home page: www.hagnos.com.br

Editora associada à:

Dados Internacionais de Catalogação na Publicação (CIP)
Angélica Ilacqua CRB-8/7057

Lopes, Hernandes Dias

    Convite ao encorajamento: transformando vidas pelo poder da Palavra / Hernandes Dias Lopes, Arival Dias Casimiro. — São Paulo: Hagnos, 2022.

    ISBN 978-85-7742-345-3

    1. Histórias bíblicas 2. Personagens bíblicos 3. Encorajamento I. Título II. Casimiro, Arival Dias

22-1621   CDD 220.9505

Índices para catálogo sistemático:
1. Histórias bíblicas

Dedicatória

Dedicamos este livro a todos os cristãos que estão na linha de frente, no *front* da batalha, levando a mensagem da esperança num mundo marcado pelo desespero e, mesmo sob o fogo cruzado da perseguição, ousam levantar bem alto o estandarte do evangelho.

Sumário

Prefácio 7

HERNANDES DIAS LOPES

1. **NEEMIAS:** Um líder eficaz 11
2. **JOSÉ:** Um líder abençoador 31
3. **PAULO:** Um líder reconciliador 51

ARIVAL DIAS CASIMIRO

4. **PAULO:** Encorajado para encorajar 63
5. **TIMÓTEO:** Passando a fé para as novas gerações 79
6. **EPAFRAS:** Servindo a Deus numa cultura de celebridades 97

Prefácio

É com vívido entusiasmo que Arival e eu entregamos esta obra aos nossos leitores. Singela, porém, escrita com o coração cheio de expectativa de que milhares de pessoas serão encorajadas e fortalecidas com sua leitura.

Vivemos dias turbulentos. Há um rumor de visível inquietação entre as nações. Há uma perplexidade no ar. Fomos atingidos por uma pandemia, que, em dois anos, ceifou mais de seis milhões de pessoas. Bastou um vírus para abalar as estruturas da sociedade. Os poderes científico, econômico e político tornaram-se impotentes para dar uma resposta imediata e eficaz à crise medonha que se instalou. Na esteira dessa tempestade, que atordoou o mundo, milhões de pessoas ficaram desempregadas; outras, perderam o que levaram anos para granjear; outras, ainda, viram ruir seus sonhos de um futuro promissor.

As cidades ficaram desertas, os aviões foram recolhidos aos seus hangares, as viagens foram canceladas, o comércio fechou suas portas, os mercados ficaram vazios, as escolas e as igrejas funcionaram apenas de forma virtual. As famílias ficaram trancadas dentro de casa, num *lockdown* que agravou ainda mais o sofrimento da população mundial. Aumentou, consideravelmente, o índice de violência doméstica, de divórcios e até mesmo de suicídios. As vacinas que fizeram frear os efeitos da COVID-19 não puderam, ao mesmo tempo, debelar os males emocionais e relacionais que vieram na bagagem dessa dolorosa pandemia.

Quando o ar da esperança, como brisa benfazeja, soprava sobre nós, trazendo a cura e o controle da doença, uma guerra truculenta fez, mais uma vez, ressurgir no horizonte a carranca da crise. A invasão da Rússia à Ucrânia já é o maior conflito militar na Europa depois da Segunda Guerra Mundial. Uma nação inteira está sendo massacrada por uma potência militar, com armas nucleares, sob o tímido olhar das outras nações. Sabidamente, apenas Rússia e Estados Unidos têm arsenal suficiente para destruir a terra dezesseis vezes. Mikhail Gorbatchov, no seu livro *Perestroika*, disse que, numa possível terceira guerra mundial, não haveria vencedores nem vencidos. Eis o drama dos povos, a perplexidade das nações!

Vivemos numa sociedade doente e, que deliberada e açodadamente, ruma para um abismo ainda mais profundo. Ideologias anticristãs são abraçadas, ensinadas e aplaudidas com entusiasmo. A desconstrução dos valores morais é vista como avanço social. A destruição da família é ruidosamente anunciada como uma conquista da modernidade. Estamos destruindo os fundamentos e celebrando o colapso da estrutura social. Nesse desmonte da cultura judaico-cristã, estruturas de ensino, a grande mídia, a literatura, o teatro, os parlamentos e as cortes vão escarnecendo da fé cristã, sem pejo, sob o silêncio covarde de uns e a omissão criminosa de outros.

Prefácio

Como resultado desse cerco da secularização muitas igrejas abandonaram a trincheira da verdade para sucumbir à ditadura do relativismo. O liberalismo teológico tão gentil nas palavras, mas tão perverso nos atos, foi sorrateiramente se instalando nos seminários, destilando seu doce veneno, contra o qual não existe antídoto. No momento que uma igreja subscreve o liberalismo teológico, ela assina o seu atestado de óbito. Há muitas igrejas que foram robustas no passado, mas hoje fecharam as portas. Há denominações inteiras que foram abaladas pelos vendavais do liberalismo e nunca mais conseguiram se recompor. Seus templos estão vazios e são vendidos para se tornarem bares e museus.

Se não bastasse esse mal, a igreja também tem sido assolada pelo sincretismo religioso, mantendo as pessoas incautas prisioneiras com mandingas e crendices, totalmente estranhas às Escrituras. A falta de conhecimento da Palavra de Deus tem sido o canteiro onde tem crescido toda sorte de engano religioso. Nesse território fertilizado pelas heresias, os camelôs da fé e os vendilhões do templo exploram o povo em nome de Deus, fazendo do evangelho um produto, do púlpito um balcão, do templo uma praça de negócios e dos crentes, consumidores.

Todo esse cenário tem levado muitos crentes e obreiros apenas a uma postura crítica do sistema. Alguns estão confortavelmente protegidos dentro de seus templos, mantendo uma ortodoxia ossificada. Diante dessa realidade, muitos líderes arrearam as armas e saíram do combate. Outros já jogaram a toalha e desistiram de esperar um tempo de restauração. Nosso propósito, nessa conjuntura, é trazer ao seu coração um novo alento. Vamos entrar no túnel do tempo, recuar ao passado, para sermos encorajados por homens que viveram dias dificílimos, mas enfrentaram a carranca da crise com heroísmo e venceram. Estamos certos de que Deus não nos chamou para uma vida fácil, mas para uma vida com propósito. Os discípulos do Nazareno precisam negar a si mesmos, tomar a sua cruz e seguir a Jesus. Somos uma igreja martírica. O nosso ideal de seguir e servir a Cristo é maior do que a nossa própria vida. Estamos certos de que se o ideal é maior do que a vida, vale a pena dar a vida pelo ideal.

Esperamos que esta obra singela seja uma ferramenta poderosa nas mãos do Senhor para encorajar o seu coração. Boa leitura!

Hernandes Dias Lopes

1

NEEMIAS:
Um líder eficaz

Hernandes Dias Lopes

John Maxwell, eminente escritor americano, diz com assertividade que liderança é influência. Um líder é alguém que agrega, mobiliza e encoraja. Um líder é um catalizador. Como um ímã, arrasta as pessoas para sua causa.

John Mackay, presidente do Seminário de Princeton, nos Estados Unidos, disse que a distribuição das vocações é mais importante do que a distribuição das riquezas. Precisamos ter as pessoas certas nos lugares certos. É lamentável quando alguém ocupa um posto de liderança sem ser, de fato, um líder. Um líder confuso resulta em liderados perdidos. O líder é alguém que tem carisma e caráter, conhecimento e experiência, firmeza e doçura.

Na constelação dos grandes líderes mundiais, Neemias destaca-se como um dos mais eminentes. O livro que leva seu nome é um dos mais eficazes manuais de liderança da literatura mundial. Conhecer Neemias e acompanhar seus passos é matricular-se num curso avançado de liderança.

Neemias, governador de Jerusalém, é um líder encorajador. Alteia-se como um desses bandeirantes da fé e do encorajamento. Qual o segredo de sua liderança? Ele era um homem de oração e ação. Tinha alentado relacionamento com Deus e caminho pavimentado de acesso às pessoas. Era um visionário e, ao mesmo tempo, um homem pragmático. Sabia lidar com planejamento e, também, com execução. Tinha coração sensível para tratar com as pessoas e coragem pétrea para enfrentar os inimigos.

Quem foi, de fato, Neemias? Ele nasceu no cativeiro babilônico. Sua nação tinha caído nas mãos do grande Império Babilônico. Os setenta anos do cativeiro de seu povo haviam passado e a Babilônia já tinha caído nas mãos do Império Medo-Persa. Levas de judeus já haviam voltado à Terra Prometida sob a liderança de Zorobabel e Esdras, sob os auspícios dos governantes persas, com o propósito de reconstruírem o templo de Jerusalém.

Neemias, nesse tempo, era copeiro do rei Artaxerxes. Já fazia cento e quarenta e dois anos que a cidade de Jerusalém tinha sido destruída. Se não bastasse os inimigos ao redor, os escombros da cidade e a pobreza dos que voltaram, houve também embargos políticos paralisando de forma sumária a reconstrução do templo. Na verdade, o povo estava em grande miséria e desprezo. Os muros da cidade estavam ainda quebrados e suas portas ainda estavam queimadas a fogo. O ambiente era de total desolação. O desânimo era geral. Ninguém podia acreditar que o destino da cidade pudesse ser mudado. Todos os olhares eram de pessimismo e desânimo, até que Deus levantou Neemias, um líder encorajador.

Tudo começou quando Neemias recebeu a visita de Hanani, na cidade de Susã, onde exercia o posto da mais alta confiança do rei. Neemias perguntou a Hanini pelos judeus que escaparam e que não foram levados para o exílio e acerca de Jerusalém.

Essa pergunta foi um divisor de águas na história de Neemias e nos destinos de Jerusalém. A vida de Neemias e a história de Jerusalém nunca mais foram a mesma a partir desse dia. As coisas impossíveis tornam-se realidade quando homens de visão enxergam uma saída onde todos só viram portas de ferro fechando o caminho.

Vamos examinar a vida de Neemias e descobrir quais foram as marcas de um líder eficaz.

UM LÍDER EFICAZ TEM CORAGEM DE FAZER PERGUNTAS

Fazer perguntas é muito arriscado, pois torna você responsável por ser a resposta de Deus para os desafios e necessidades que lhe são expostos. Ninguém deveria fazer perguntas, a menos que esteja disposto a envolver-se e comprometer-se. Tomar conhecimento de uma necessidade, tendo a capacidade de ajudar e omitir-se é uma omissão reprovável. Não podemos viver confortavelmente sabendo que o desespero toma conta daqueles que jazem à nossa porta. Jesus ilustrou essa triste realidade com a conhecida parábola do homem rico e do Lázaro. Este jazia faminto e chagado, à sua porta, desejando comer as migalhas que caíam da mesa, enquanto os cães vinham lamber suas feridas. O contraste não podia ser mais gritante: O rico, vestido de púrpura e linho finíssimo e Lázaro, coberto de trapos; o rico, regalando-se todos os dias, com mesa farta e Lázaro faminto, desejando migalhas; o rico, vendendo saúde e Lázaro chagado; o rico, cercado de convivas e Lázaro sendo visitado apenas pelos cães. O rico, que pensava só no seu conforto, morreu como morreu Lázaro. O rico foi sepultado e Lázaro nem sepultura teve.

O rico despertou no inferno, mas Lázaro foi levado pelos anjos para o seio de Abraão.

Não raro as pessoas descobrem sua vocação não apenas através de um irresistível chamado interno, mas, também, pelo conhecimento impactante de uma necessidade externa. Neemias estava, confortavelmente, vivendo no palácio do rei Artaxerxes, na cidadela de Susã. Esse rei persa era o homem mais poderoso do mundo, naquele tempo. Neemias tinha acesso à presença do rei todos os dias. Ele provava o vinho do rei, na presença dele, antes do rei degustá-lo. Mas, ao fazer uma pergunta a Hanani e receber uma resposta, tudo mudou. Sua vida mudou. A cidade de Jerusalém mudou. A história de Israel mudou.

Só faz perguntas quem se importa. Os egoístas não se interessam em saber como os outros estão. Eles querem apenas desfrutar seu conforto. Preferem o luxo ao comprometimento com os que sofrem. Um verdadeiro líder se identifica com seu povo e sente os fardos do seu povo. Não vive numa redoma de vidro nem se abriga confortavelmente numa zona de conforto, longe dos gemidos da sua gente.

Só pode ser um consolador quem se envolve, quem se importa, quem se compromete. Neemias teria passado como um ilustre anônimo na história se tivesse permanecido no palácio, vivendo gostosamente sua vida. Porque ele se envolveu, seu nome é conhecido, sua história inspira e seus feitos enaltecem sua coragem.

Hoje, muitos líderes políticos do Brasil e doutras nações galgam os degraus mais elevados da vida pública não para servirem à causa pública, mas para se enriquecerem. Cercam-se de favores. Engendram esquemas para surrupiar o tesouro público. Fazem as leis, torcem-nas e as desobedecem para tirarem vantagem. Oprimem aqueles a quem juram defender. Roubam daqueles a quem dizem servir. Oh, como é triste ver campear a corrupção, prosperar a injustiça e ver florescer a violência nesse terreno minado pela ganância. Precisamos de líderes que estejam dispostos a dar a vida pelo ideal. Precisamos de líderes que inspiram!

UM LÍDER EFICAZ DISCERNE OS PROBLEMAS DO SEU POVO

Não basta fazer perguntas, é preciso saber interpretar as respostas. Qual foi a resposta de Hanani e de seus companheiros que tinham vindo de Judá? Eles disseram: "Os restantes, que não foram levados para o exílio e se acham lá na província, estão em grande miséria e desprezo; os muros de Jerusalém estão derribados, e as suas portas, queimadas" (Neemias 1:3).

Neemias distinguiu nessa resposta quatro grandes problemas que precisavam ser resolvidos. O primeiro problema era a falta de proteção e segurança da cidade de Jerusalém. Uma cidade sem muros, naquele tempo, era vulnerável. Não podia resistir ao ataque dos inimigos. Estava à mercê dos exploradores. Jerusalém, além de destruída, estava cercada de inimigos. Esses adversários não tinham qualquer interesse na reconstrução da cidade.

Um povo sem proteção vive inseguro e acuado pelo medo. Ainda hoje a maior causa de temor dos moradores das grandes e pequenas cidades é a insegurança. Assaltos, arrombamentos, sequestros, furtos, balas perdidas e toda sorte de violência imperam, trazendo inquietude e insegurança para a população. A violência está presente na cidade e no campo. Mostra sua medonha carranca nos antros do mal e dentro dos lares. A violência campeia em todos os setores da sociedade, atingindo pessoas de todos os estratos sociais, de todas as faixas etárias e todos os credos religiosos.

Neemias abraça sua vocação política não para buscar projeção pessoal e locupletar-se, mas para doar-se e ajudar o seu povo a sair da amarga realidade em que vivia. Levanta-se não para explorar o povo, mas para proteger o povo. Dispõe-se não para viver no luxo às expensas do povo, mas para botar a mão na massa e levantar dos escombros Jerusalém, a cidade do sepulcro de seus pais. Oh, que surjam novos líderes desse jaez. Que homens preocupados com os interesses do povo se levantem na igreja e na nação!

O segundo problema que Neemias diagnosticou foi uma estrutura jurídica inoperante. As causas do povo eram julgadas e decididas pelos juízes nas portas da cidade. Se as portas estavam queimadas pelo fogo, a cidade estava sem um aparelhamento jurídico capaz de atender às demandas do povo. Violência associada à falta de justiça gera o caos social. Precisamos de leis justas e juízes fiéis. Não basta ter boas leis se as cortes favorecem os poderosos para arrebatar o direito dos inocentes. Não basta ter um aparelhamento jurídico bem estruturado se os crimes de colarinho branco não são exemplarmente julgados e punidos. Ainda hoje, muitos daqueles que fazem as leis, quebram as leis para proveito próprio, na certeza de que não serão apanhados e se forem apanhados não serão punidos. Um sistema judiciário corrompido estimula o crime e rouba a esperança do povo. Neemias se levanta contra essa situação. Ele se sacrifica para ver seu povo experimentando justiça. Sua vocação é altruísta. Seu trabalho é sacrificial. Seu legado é a reconstrução de sua nação. Precisamos de líderes da estirpe de Neemias em todos os setores da sociedade, tanto na vida pública como na igreja.

O terceiro problema que Neemias diagnostica é a pobreza humilhante. O povo estava em grande miséria. Tanto os que ficaram em Jerusalém, na ocasião do exílio, como aqueles que voltaram do exílio estavam amargando uma profunda pobreza. A cidade estava ainda em ruínas. Os inimigos espreitavam de todos os lados. Para pagar os pesados tributos, colocados como fardo sobre eles, muitos tiveram que penhorar suas terras, suas vinhas, suas casas e até mesmo vender seus filhos como escravos. A realidade social era sombria. Um povo com fome não tem tirocínio para sair da crise. Vive cabisbaixo, rendido ao desânimo. Um povo sem renda financeira acaba tornando-se massa de manobra nas mãos dos poderosos. Em virtude dessa pobreza que alargava suas asas sobre o povo, não faltaram alguns exploradores gananciosos para tirar o pouco que tinham para se enriquecerem ainda mais. A crise sempre interessa aos avarentos. Eles acumulam bens mal adquiridos. Suas casas estão entulhadas de bens arrancados da boca dos pobres. Vivemos, ainda hoje, numa nação rica e com um povo pobre. O problema de nossa nação não é falta de provisão, mas injusta distribuição. Enquanto uns têm demais, outros não têm o necessário. Enquanto uns acumulam casa a casa, campo a campo e se assentam como os únicos senhores da Terra, outros não têm sequer um teto sob o qual descansar. Neemias foi a Jerusalém não apenas para levantar os muros quebrados e restaurar as portas queimadas. Mas foi, também, para reparar as injustiças sociais, defender os pobres e trazer esperança para aqueles que estavam com a esperança morta. Precisamos de líderes que amem seus liderados e lutem para vê-los ressurgindo das cinzas para uma vida digna.

Finalmente, Neemias detectou o problema do doloroso sentimento de abandono e desprezo. O desprezo é pior do que a pobreza. Um povo desprezado é vítima do esquecimento. Ninguém se importa. Jerusalém estava em ruínas há cento e quarenta e dois anos. Neemias chega na cidade no ano 444 a.C. e a cidade havia caído nas mãos dos caldeus no ano 686 a.C. Por quase um século e meio a cidade estava arruinada. Tudo o que se podia ver eram pedras reviradas, montões de destroços e portas queimadas. Era praticamente impossível transitar por suas ruas. O caos era completo. Hostilidade e embargos políticos fizeram cessar todo labor do povo que já havia retornado sob a liderança de Zorobabel e Esdras. O povo estava só, sem qualquer amparo e sem o oxigênio da esperança. Abandonados à sua própria sorte, só eram lembrados na hora do pagamento dos pesados tributos. Neemias se levanta para enfrentar essa realidade. Por ser um homem de oração, pede auxílio do céu. Por ser um homem prático, sabe expor seu pleito ao rei. O resultado da oração, do jejum, do choro e do chamado irresistível culminou numa força tarefa que soergueu a cidade dos escombros, tirou o povo do opróbrio e trouxe esperança para a nação. Que Deus nos dê líderes que conheçam a intimidade de Deus e tenham sabedoria para articular os poderes terrenos! Que Deus levante, em nossa geração, novos Neemias!

UM LÍDER EFICAZ ORA E AGE

Quando Neemias tomou conhecimento da triste realidade dos judeus, ele assentou-se e chorou, orou e jejuou perante o Senhor. Só homens de coração quebrantado e olhos molhados podem fazer coisas relevantes no Reino de Deus. Neemias estava convencido de que não podemos prevalecer em público diante dos homens sem antes prevalecermos em secreto diante de Deus. Só podemos nos levantar diante dos homens se primeiro nos prostrarmos diante de Deus. Só prevalece na obra quem primeiro prevalece na oração. Um exemplo clássico dessa verdade é a vida do profeta Elias. Ele orou com instância para não chover e não choveu três anos e meio em Israel. Depois de orar, ele compareceu diante do rei Acabe, dizendo ao perverso rei que não haveria chuva nem orvalho em Israel, segundo a sua palavra. Elias só se levantou diante de Acabe, porque primeiro se prostrou diante de Deus. Ele só se levantou diante do rei, porque primeiro se prostrou diante do Rei dos reis. Ele só prevaleceu em público no palácio do rei, porque primeiro prevaleceu em secreto diante de Deus. Só prevalece na ação quem primeiro prevalece na oração.

Um líder sabe que trabalhar sem orar é pura presunção humana, pois não é por força nem por poder que a obra de Deus avança, mas é pelo seu Espírito. Um líder sabe que é Deus quem abre portas, provê os recursos, desperta o povo, livra do inimigo e dá a vitória. Precisamos de líderes que conheçam a intimidade de Deus. Aqueles que foram mais eficazes na terra, foram aqueles que mais tiveram intimidade com os céus. Abraão, José, Moisés, Josué, Davi, Elias, Daniel, Neemias, Pedro e Paulo são alguns dos exemplos de homens de oração que deixaram notórios seus nomes na história, por suas grandes realizações. Eles não ousaram fazer a obra de Deus fiados em seus próprios recursos. Dependeram de Deus e Ele mesmo abriu as portas, usando-os poderosamente.

A oração de Neemias é um modelo para nós. Ele reconhece quem Deus é e tem consciência de quem nós somos. Ele não se aproxima de Deus estadeando direitos, ele clama por misericórdia. Não chega a Deus fazendo propaganda de suas virtudes, mas confessando seus pecados. Ele confessa os pecados do povo e os seus próprios. Ele carece de graça e roga misericórdia. Só homens humildes podem ser usados nas mãos de Deus. Deus resiste aos soberbos, mas dá graça aos humildes. Só os que se humilham sob a poderosa mão de Deus serão exaltados.

Neemias sabe falar com Deus e tem habilidade também para falar com o rei. Ele busca os recursos do céu e não dispensa os recursos terrenos. Ele se aproxima de Deus e dos homens. Ele ora e age. Ele jejua e tem estratégia. Ele chora e fala. Ele conjuga conhecimento e sabedoria. Ele tem luz na mente e fogo no coração. Oh, que Deus levante em nossa geração líderes encorajadores, líderes crentes, líderes cheios de fervor espiritual e líderes que amem a Deus e ao seu povo. Líderes que trabalhem com denodo e deixem um legado para as futuras gerações.

UM LÍDER EFICAZ É DISCRETO E ESTRATÉGICO

Neemias teve sabedoria para falar com o rei Artaxerxes. Ele usou as palavras certas, na hora certa, para obter os recursos certos. Neemias orou e planejou; jejuou e agiu; chorou e comoveu. Ele buscou a Deus e falou com rei. Buscou os recursos do céu sem dispensar os recursos terrenos.

Escoltado pela guarda real, trazendo recursos reais, depois de uma longa viagem, chegou a Jerusalém. Estrategicamente, Neemias nada falou acerca do propósito de sua viagem. Aguardou o tempo certo. Primeiro, ele precisava ter um diagnóstico da extensão e profundidade do problema e um plano certo para o enfrentamento. Precisava ser cauteloso e estratégico. Agir sem planejamento é apostar no fracasso. Agir precipitadamente é um desperdício de tempo, de recursos e de oportunidades.

Neemias primeiro investigou para depois falar, e falou com as informações certas antes de motivar. Primeiro, ele deu provas da boa mão de Deus com ele antes de conclamar os líderes e o restante do povo ao trabalho. Esse episódio enseja-nos duas importantes lições. A primeira delas é a discrição. O silêncio é de ouro. Um líder não é aquele que mais fala, mas o que fala depois de melhor planejar. Um líder não desperdiça palavras. Ele pensa mais do que fala; ele só fala depois de ter uma clara visão. Só convoca para a ação depois de ter um plano. Um líder não queima etapas. Não desafia antes de saber qual é o tamanho do problema; não vai à guerra antes de calcular os custos e os perigos. Não se dispõe a enfrentar o inimigo antes de saber quão arriscado é esse enfrentamento.

A segunda lição a aprender nesse episódio é a estratégia certa para lidar com o problema. Neemias mostrou como a boa mão de Deus fora com ele. Como Deus abriria o caminho para ele chegar até Jerusalém. Como tinha alcançado o favor e os recursos do rei. Agora, era hora de virar a chave e alcançar a vitória. Era o tempo certo de deixar de ser opróbrio. Restaurar os muros da cidade era uma obra necessária, urgente e que exigia o engajamento de todos. Ricos e pobres, líderes e liderados, homens e mulheres – todos precisam colocar a mão na massa e agir.

Não basta apenas mobilizar o povo, é preciso também ter uma linha de ação bem definida. Neemias colocou as pessoas certas, nos lugares certos, para fazer o trabalho certo. Deu tarefas específicas, acompanhou o andamento da obra, e motivou os trabalhadores. Elogiou os que conseguiram realizar grandes obras e os que puderam fazer apenas pequenas porções na reconstrução dos muros. Ninguém ficou sem trabalho e ninguém deixou de ser valorizado pelo trabalho realizado. Cada trabalhador era importante no desempenho da obra e o envolvimento de todos foi o motivo do sucesso. Neemias não apenas falou, ele também fez. Não liderou o povo a partir de uma sala confortável enquanto os obreiros carregavam pedras. Ele estava no meio dos trabalhadores, realizando a mesma obra, com o mesmo empenho e devoção. O exemplo de Neemias inspirou o povo. O exemplo não é apenas uma forma de ensinar, mas a única maneira eficaz de fazê-lo.

UM LÍDER EFICAZ ENFRENTA VITORIOSAMENTE A PERSEGUIÇÃO EXTERNA

Grandes obras são feitas debaixo de grande oposição e amarga perseguição. Não foi diferente com a reconstrução de Jerusalém. Neemias teve que lidar não apenas com o desânimo do povo, com a pobreza dos trabalhadores e com o volume excessivo de escombros, mas, também, com os inimigos à volta. Os inimigos usaram várias estratégias, na tentativa de paralisar a obra.

A primeira estratégia foi a ira. A carranca dos inimigos, porém, não assustou Neemias. Eles rangeram os dentes e ficaram muito irados, mas isso não perturbou o líder nem afastou os trabalhadores da obra. Os perversos nunca pouparão você se o seu propósito é fazer a obra de Deus. Os inimigos ficarão irados pelo simples fato de você estar engajado na obra de Deus. Os obreiros dele têm, contudo, a promessa de vitória. Deus não nos promete ausência de luta, mas vitória certa. Ele não nos promete jornada fácil, mas chegada segura. Não afrouxe os braços por causa da fúria dos adversários. Não se intimide porque eles rangem os dentes. Se Deus está conosco, não temos o que temer. Ainda que um exército se acampe contra nós, vamos prevalecer!

Em seguida, eles desprezaram o trabalho feito, fazendo zombaria, dizendo que se uma raposa passasse no muro, ele cairia. Tentaram diminuir os trabalhadores e fazer pouco caso de sua obra, mas o escárnio dos inimigos não diminuiu o ímpeto dos obreiros nem fez parar a obra. O apóstolo Paulo, nessa mesma linha de pensamento, diz que o mundo nos hostiliza, como hostilizou Cristo. Ele chegou a dizer que os apóstolos, aqueles que foram chamados por Jesus, ouviram Jesus e testemunharam a ressurreição de Jesus foram considerados lixo do mundo, escória de todos. O mundo os odiou e os perseguiu. Exceto João, todos foram martirizados e regaram a terra com o seu sangue. João foi banido para uma colônia penal, a ilha de Patmos. O povo de Deus sempre foi odiado, humilhado e perseguido pelo mundo. Porque o mundo odeia a Cristo, sempre odiará Cristo em nós. É por isso, que quem quiser se tornar amigo do mundo, tornar-se-á inimigo de Deus. Quem ama o mundo, o amor do Pai não está nele. Não podemos nos conformar com este mundo para não sermos julgados com ele. O mundo, porém, pode nos perseguir e nos humilhar. Mas, o que de fato, importa é que Deus está conosco e a seu templo, ele nos exaltará.

Os inimigos, usaram, em seguida, a arma da boataria. Espalharam notícias falsas. Tentaram alarmar povo com *Fake News*. As armas dos adversários são mentira. Eles agem nas trevas. Suas palavras são engano. Sua língua é peçonhenta. Suas intenções são malignas. Eles são especialistas em acusações falsas, em comentários levianos, em fabricar factoides para alarmar o povo de Deus. Sua intenção é intimidar o povo e cessar a obra. Neemias, porém, tinha a consciência tranquila de que as acusações injustas e as ameaças infundadas não prosperariam. Os obreiros não deram guarida às palavras carregadas de veneno dos inimigos nem cessaram o labor. Precisamos fazer a obra de Deus, apesar das críticas. Precisamos avançar apesar das boatarias. Não servimos a homens, mas a Deus. Se nossa consciência, iluminada pela verdade, está firme, então as setas venenosas dos boatos não podem nos atingir.

Como os inimigos se frustraram com o fracasso de suas artimanhas, engrossaram o caldo e ameaçaram entrar na cidade e matar os trabalhadores. Por todos os lados e de todos vinham essas arrasadoras notícias. Os trabalhadores seriam mortos. Os inimigos, armados, atacariam Jerusalém. Ninguém escaparia desse cerco nem lograria êxito contra essa invasão assassina. Neemias não se intimidou. Ao contrário, armou a população trabalhadora e continuaram levantando os muros com a espada na cinta e com a colher de pedreiro nas mãos. Vigiar e trabalhar passou a ser a agenda do dia. O trabalho e a vigilância dos obreiros desmontaram as ameaças dos adversários. A defesa legítima é necessária. Um povo desarmado é alvo certo dos inimigos opressores.

Um povo sem capacidade de resistência sucumbe ao ataque do inimigo. As armas dos trabalhadores não eram para a prática da violência, mas para a manutenção da segurança e da paz. Desarmar os trabalhadores é fortalecer os braços dos criminosos. Neemias armou o povo e continuou trabalhando. Eram oraram e agiram. Eles se precaveram e prosseguiram. Trabalho e vigilância; oração e ação; autodefesa e reconstrução foram as armas usadas para enfrentar as ameaças dos adversários.

Vendo-se enfraquecidos, os inimigos partiram para outro estratagema. Tentaram o diálogo. Quiseram assentar-se à mesa com Neemias. Chamaram-no para uma conversa. Porém, Neemias não atendeu ao chamado deles. Disse que estava fazendo uma grande obra e não poderia descer. Havia um trabalho a ser feito e ele não tinha tempo a perder. Manter-se no foco é muito importante. O inimigo não pode ditar a agenda da igreja. A amizade do mundo é pior do que a espada do mundo. O inimigo nunca é tão perigoso como quando tentar reunir-se conosco. A sagacidade da serpente é pior do que o rugido do leão. O engano nos traiçoeiros é pior do que a fúria dos gigantes. Diante da recusa de Neemias tentaram dar um xeque-mate, dizendo que o rei Artaxerxes ficaria sabendo de suas más intenções, mas a consciência tranquila de Neemias descansa na boca do canhão dos adversários. Neemias conhecia o rei e era conhecido por ele. Sua vida era avalista de suas obras. Seu exemplo irrepreensível desmontava os argumentos dos invejosos.

Finalmente, como não conseguiram pegar Neemias na rede de seus ardis, infiltraram-se no meio do povo, subornaram e corromperam pessoas do sacerdócio e tentaram intimidá-lo com uma traição religiosa. Mas, Neemias discerniu a trama e, firmado na verdade, não caiu na armadilha do chamado fogo amigo. Neemias foi aconselhado a fugir e se esconder no interior do templo, pois viriam matá-lo, mas ele não era um levita nem mesmo um sacerdote. Esse privilégio era direito exclusivo da classe sacerdotal. Se Neemias fosse encontrado no interior do templo, seria acusado de blasfêmia. Isso acabaria com sua reputação e daria motivos aos inimigos para o acusarem. O inimigo tem um arsenal variado. Ele é tão sagaz que consegue fazer aliança com aqueles que cuidam das coisas sagradas. Neemias está sendo tentado por gente que deveria protegê-lo. Agora o ataque não vem de fora, mas de dentro. Entretanto, porque Neemias está firmado na verdade, não caiu na armadilha. Sabia que os princípios de Deus não podem ser quebrados, mesmo em tempos de crise. Porque foi governado pelos preceitos da Palavra, foi poupado desse ataque fatal.

Este episódio nos ensina que não podemos afrouxar os braços por causa da fúria do inimigo. Não podemos parar a obra por causa da artimanha dos adversários. Importa trabalhar apesar das críticas. Importa prosseguir apesar dos falatórios venenosos. Importa fazer a obra apesar da fúria dos inimigos que atacam de fora e dos lobos vestidos de ovelhas que espreitam por dentro. Oh, que Deus nos livre do mal! Que Deus nos dê discernimento e prudência! Que Deus quebre o laço e despedace a lança dos inimigos! Que Deus nos dê líderes da estirpe de Neemias nesse tempo de tantas crises e não pouca perseguição.

UM LÍDER EFICAZ ENFRENTA AS PRESSÕES INTERNAS

Neemias lidou não apenas com samaritanos e arábios, Sambalates e Gezéns. Ele teve que enfrentar, também, a usura dos nobres, que naquela crise medonha ainda exploravam os pobres. Mesmo trabalhando no mesmo muro, com o mesmo propósito de restaurar Jerusalém, os nobres estavam aproveitando-se da situação para emprestar dinheiro aos pobres, obrigando-os a penhorar suas terras, suas vinhas, suas casas e até vender seus filhos para fazê-los escravos.

Os pobres estavam trabalhando com fome. A dispensa deles estava vazia. Na panela deles não havia comida. As dívidas e os impostos escorchantes eram como uma corda no pescoço deles. A pobreza era o resultado dessa opressão. A escravidão tornou-se o fruto amargo dessa humilhante e injusta realidade. Os pobres estavam impotentes e sem esperança.

Neemias ao saber dessa clamorosa injustiça, confrontou os ricos usurários e ordenou que devolvessem o que haviam tomado, com usura, dos pobres. Só um líder de coragem é capaz de decisão tão ousada. Só um líder honesto é capaz de agir dessa maneira. A integridade era o apanágio de sua conduta. Não havia caixa dois moral na vida de Neemias. Não havia qualquer ponta solta que pudesse comprometer a lisura do governador de Jerusalém. Porque vivia na luz tinha autoridade para confrontar as trevas.

Neemias não é homem de discurso vazio. Ele dá seu exemplo. Ele veio a Jerusalém não para explorar o povo, como outros líderes que o antecederam. Ele não apenas não se corrompeu, como também não permitiu corrupção em seu governo. Ele não se aproveitou das agruras do povo para tirar proveito próprio. Disse ao povo que agiu assim por causa do temor do Senhor e de seu amor ao povo. Neemias sabia que sua recompensa vinha das mãos de Deus. Neemias não viveu no luxo, mas trabalhou duro com o povo e pelo povo. Cuidar do povo foi um ideal maior do que viver no fausto. Sua integridade estava acima de quaisquer vantagens pessoais.

Aquilo que parecia impossível tornou-se realidade e em cinquenta e dois dias os muros foram reconstruídos. Os muros foram levantados, as portas foram colocadas e a cidade deixou de viver na vulnerabilidade. Isso, porque, com a bênção de Deus e com a destreza humana, um líder eficaz foi levantado e usado para restaurar uma nação. Neemias não apenas construiu os muros, mas, também, restaurou a supremacia da Palavra de Deus e fez importantes reformas espirituais, inaugurando um novo tempo na história do povo de Deus, o povo da aliança.

Que vejamos, nesse tempo, o levantamento de novos líderes, cheios de santo idealismo, para servirem a Deus e abençoarem seu povo.

2

JOSÉ:
Um líder abençoador

Hernandes Dias Lopes

José é um líder abençoador. Ele foi bisneto de Abraão, neto de Isaque, filho de Jacó e pai de Manassés e Efraim. Sua história é uma das mais comoventes registradas nas Escrituras. Moisés dedicou um quarto do livro de Gênesis para contar sua trajetória rumo ao trono do Egito. Ele foi o instrumento nas mãos de Deus para dar cumprimento à promessa de que os descendentes de Abraão desceriam ao Egito e sairiam de lá como uma grande nação.

Raquel, mãe de José, era estéril, embora fosse amada por Jacó. Quando ele nasceu, sua mãe se encheu de esperança e pediu mais filhos ao Senhor. Ele era a alegria de seu pai. Desde a mais tenra idade, José passou a ser o filho amado do pai, mas o alvo da inveja de seus irmãos. A preferência de seu pai foi traduzida num presente, uma túnica colorida de mangas compridas. Aquele vestuário era mais do que uma indumentária; era um emblema da preferência de seu pai e do ciúme de seus irmãos.

José passou a ser odiado pelo seus irmãos. Benjamim, o irmão caçula, era muito jovem para perceber toda a hostilidade que José recebia dos outros filhos de Jacó. Se não bastasse essa animosidade em casa, José teve dois sonhos e ousou compartilhá-los com sua família. Os sonhos de José eram claros; dispensavam interpretação. Seu pai e seus irmãos haveriam de se curvar diante dele. Isso parecia ser o cúmulo do absurdo. Esses sonhos só alimentaram ainda mais o ódio de seus irmãos.

Certa feita, por ordem de Jacó, José vai encontrar-se com seus irmãos em Siquém para saber como estavam e trazer notícias deles a Jacó. Depois de longa peregrinação, José não os encontra em Siquém. Então, vai a Dotã onde os encontra. Mas, ao chegar a Dotã, em vez de alegre recepção, José foi violentamente agarrado, despido de sua túnica, a túnica talar de mangas compridas, e jogado numa cisterna, vazia, sem água. Em vão José clamou por socorro. A intenção primeira deles era matá-lo. Depois, decidiram vendê-lo como escravo. Assim, o jovem de dezessete anos vê seus sonhos serem transformados em pesadelo. Ele é vendido, por vinte ciclos de prata, aos ismaelitas que, em caravana, rumavam para o Egito. A escravidão foi tudo que conseguiu alcançar na vida durante treze anos.

De irmão odiado, a escravo dos ismaelitas e, mais tarde, escravo de Potifar, oficial de Faraó, comandante da guarda . No alvorecer de sua juventude, José tornou-se uma mercadoria, no injusto tráfico humano. Por providência divina, José é guindado à honrosa posição de administrador da casa de Potifar. Não tardou, porém, para ele cair das alturas da plena confiança de seu senhor para o fundo do poço da pesada acusação de ter cometido o crime de assédio sexual à sua senhora. Seu prestígio vira pó e José, mesmo inocente, vai para a prisão, onde passa os melhores anos de sua juventude. Sua vida foi um carrossel de sofrimento. Em todas essas providências carrancudas, porém, o Senhor estava com José.

José: Um líder abençoador

O sofrimento não o deixou amargo nem os golpes sofridos azedaram sua alma. Nutrido pelos seus sonhos, José viveu para realizar os propósitos de Deus. O ódio dos irmãos, a acusação leviana da mulher de Potifar e o esquecimento do copeiro de Faraó não puderam matar seus sonhos. Sua fidelidade a Deus foi a mesma na casa do pai, na casa da servidão, na prisão e no palácio. José amou seus irmãos antes de ser traído por eles e amou-os depois de ser vítima da trama deles. José amou-os depois de ter poder nas mãos para vingar-se deles. José abençoou sua casa, sua família, bem como todo o grande Império Egípcio. Em tempos de fome, ele alimentou o mundo.

No entanto, para chegar a essa posição de líder das nações, ele passou pelo deserto do sofrimento. O sofrimento, porém, não enrijeceu sua alma, não amassou seus sentimentos, nem lhe impôs amarga derrota, mas tonificou as musculaturas de sua alma. É durante as noites mais escuras que vemos melhor o brilho das estrelas. É na escuridão que enxergamos melhor a beleza do diamante. O sofrimento não é um acidente na vida do líder, mas um poderoso recurso pedagógico.

Com frequência, perguntamos: Se Deus nos ama, por que sofremos? Por que coisas boas acontecem com pessoas más e por que coisas más acontecem com pessoas boas? Por que pessoas, cujos pés são formosos, têm que pisar estradas crivadas de espinhos e, não raro, aqueles que semeiam a violência pisam tapetes aveludados? Por que os ímpios prosperam enquanto os piedosos são castigados a cada manhã? Por que os homens maus vivem nababescamente, enquanto os justos trabalham de sol a sol para colocar comida sobre a mesa? Por que aqueles que desandam a boca para blasfemar contra Deus são cercados de bajuladores, enquanto os que vivem na retidão são escarnecidos? Por que o mundo aplaude aqueles que vivem escandalosamente e escarnecem daqueles que vivem piedosamente?

A doutrina da providência divina nos mostra que Deus é soberano e que ele está no controle absoluto de todas as coisas. Ele não desperdiça sofrimento na vida de seus filhos. As provas pelas quais passamos são compatíveis com a fé cristã. São variadas, passageiras e pedagógicas. Todas elas são trabalhadas por Deus para o nosso bem final. O deserto das provas não é um acidente de percurso na vida dos servos de Deus, mas uma agenda. Se José não tivesse passado pelas agruras que passou, não teria sido o homem que foi. Se Moisés não tivesse vivido oitenta anos no deserto, não teria sido o grande libertador do seu povo. Se Elias não tivesse vivido no deserto, sob a hostilidade dos impiedosos, não teria sido o homem de fibra que foi. Se Davi não tivesse sido treinado por Deus nos desertos e cavernas, não teria sido o homem quebrantado que foi. Oh, as provas não vêm para nos destruir, mas para nos treinar e nos aprovar! Os grandes líderes não nasceram em berço de ouro, mas foram forjados na bigorna do sofrimento. Se você está passando pelos desertos da vida, você está em ótima companhia.

Deus nos matricula na escola do deserto para nos treinar para grandes obras. O deserto é a escola superior do Espírito Santo onde ele treina a maioria de seus líderes. No deserto, ele nos humilha e apaga os holofotes sobre nós. Mas, no deserto, também, ele trabalha em nós antes de trabalhar através de nós. No tempo certo, Deus estenderá seu braço e nos arrancará do poço, nos tirará da prova e nos levará para um lugar de honra.

O nosso Deus ainda continua transformando vales em mananciais, desertos em pomares, noites escuras em manhãs cheias de luz, vidas esmagadas pelo sofrimento em troféus da sua generosa graça. O apóstolo Paulo, com cores vivas, descreve esse processo: "Bendito seja o Deus e Pai de nosso Senhor Jesus Cristo, o Pai de misericórdias e Deus de toda consolação. É ele que nos conforta em toda a nossa tribulação, para podermos consolar os que estiverem em qualquer angústia, com a consolação com que nós mesmos somos contemplados por Deus" (2Coríntios 1:3,4).

Os sofrimentos de José foram a academia de Deus para formá-lo, a ginástica de Deus para fortalecê-lo e as lições de Deus para torná-lo um abençoador. Ele foi fiel nos tempos de bonança e escassez; na humilhação e na exaltação. José viu Deus transformando suas tragédias em triunfo. Ele foi o mais próximo tipo de Cristo na Bíblia:

1. Amado pelo pai e invejado pelos irmãos;

2. Vendido por vinte moedas de prata;

3. Desceu ao Egito em tempos de prova;

4. Perseguido injustamente;

5. Abandonado pelo amigo;

6. Exaltado depois da aflição;

7. Salvador do seu povo.

A vida de José nos ensina algumas lições preciosas, as quais passaremos a considerar.

A PRESENÇA DE DEUS CONOSCO

Deus não nos livra dos problemas, mas está conosco nos problemas (Atos 7:9). Essa verdade pode ser vista, de forma eloquente, na vida de José, príncipe do Egito. Como já dissemos, José era filho de Jacó, neto de Isaque e bisneto de Abraão. Ele foi um líder de maiúsculas qualificações, mas não imune às aflições. Ele foi amado pelo pai, odiado pelos irmãos, traído pela mulher de seu senhor, esquecido na prisão, mas, no tempo de Deus, foi elevado à honrosa posição de governador do Egito e salvador do mundo. Alguns lances de sua vida chamam nossa atenção, como veremos.

Primeiro, José enfrentou a dor do desprezo de seus irmãos. Os sonhos de José foram o pesadelo de seus irmãos. Eles se encheram de ódio porque Deus enchia o coração de José de gloriosos sonhos. Por ser amado do pai e viver uma vida íntegra, seus irmãos passaram a ter inveja dele. Em vez de imitar suas virtudes, desejaram destruí-lo. José sofreu o boicote de seus irmãos que não falavam mais pacificamente com ele (Gênesis 37:4). Seus irmãos chegaram a odiá-lo (Gênesis 37:4,8). Ele sofreu traição, conspiração e desdém dos seus irmãos (Gênesis 37:18,19,25).

Segundo, José enfrentou, também, a dor do abandono. Ele foi jogado no fundo de uma cisterna seca. Seus irmãos o abandonaram e o mataram no coração (Gênesis 37:20-22). Eles taparam os ouvidos ao seu clamor, que do fundo da cova, clamava por ajuda (Gênesis 42:21). Ele foi rejeitado por aqueles que mais deveriam amá-lo. O abandono é como uma faca afiada enterrada no peito. Dói, sangra e mata. O apóstolo Paulo sentiu essa mesma dor, quando foi jogado na masmorra Mamertina, em Roma. Demas o abandonou. Todos os da Ásia, de igual modo, o abandonaram. Na sua primeira defesa, ninguém foi a seu favor, antes todos o abandonaram. Não é fácil ser abandonado, quando se precisa de ajuda. Não é fácil ser odiado por aqueles a quem você ama. Não é fácil ser abandonado, quando você está no limiar entre a vida e a morte. O próprio Filho de Deus foi abandonado: abandonado pelo povo, pelo seus discípulos e até mesmo pelo Pai, quando clamou na cruz: "Deus meu, Deus meu, por que me desamparaste?" (Mateus 27:46).

Terceiro, José enfrentou, ainda, a dor de sentir-se um objeto descartável. Ele foi vendido como escravo pelos seus próprios irmãos (Gênesis 37:27,28). Ele foi tratado como mercadoria barata e descartável. Foi arrancado brutalmente do seu lar, dos braços de seu pai, do convívio com Benjamim, seu irmão caçula. Foi banido da sua terra. Sua vida foi amassada, sua dignidade foi pisada. José foi vítima da mentira criminosa de seus irmãos. Essa trama perversa levou Jacó a desistir de procurar o filho amado (Gênesis 37:31,34). José foi vítima, outrossim, de uma consolação falsa de seus irmãos a Jacó. Ao simularem a morte de José por uma besta fera, enviando-lhe sua túnica molhada de sangue, tentaram levar Jacó a esquecer-se de procurá-lo (Gênesis 37:35). Há muitos que, ainda hoje, se sentem jogados de um lado para o outro, como se fossem coisas. Perderam, com isso, o amor próprio. Sua autoimagem foi deformada. Sua autoestima foi amassada. Seu amor próprio naufragou no oceano profundo da tirania. Nunca é demais, porém, dizer que o fogo do inimigo só queima nossas amarras, mas não é capaz de tostar sequer um fio de cabelo da nossa cabeça. Nossos desafetos podem até ser a mão pesada que amassa o barro, mas jamais serão as mãos que nos moldarão. O acabamento é feito pelas mãos do divino oleiro. Estamos nas mãos de Deus. Enquanto o sofrimento nos aperta de todos os lados, Deus está conosco!

Quarto, José enfrentou, também, a dor de viver sem identidade. Ele, como um adolescente, foi amado pelo pai, traído pelos irmãos e vendido como escravo para um país estrangeiro. Sentiu-se menos do que gente, objeto, mercadoria. Se não fossem seus sonhos, ele teria ficado marcado para o resto da vida. José foi para o Egito sem nome, sem honra, sem dignidade pessoal, sem direitos, sem vez, sem voz, sem raízes. No Egito, foi revendido. Como ferramenta de trabalho, foi colocado no balcão, na vitrine. Ele não passava de mão de obra, máquina de serviço, mercadoria humana. A escravidão, de qualquer ordem, é uma desumanidade. Fazer de um ser humano, criado à imagem e semelhança de Deus, apenas uma máquina viva, uma ferramenta de trabalho, um objeto manipulável é o último estágio da degradação. A opressão é uma clamorosa injustiça. José passou por todo esse processo. Sentiu na pele o que deveria, no futuro administrar. O treinamento foi duro, mas as lições para a vida deram a ele o tirocínio para administrar uma crise mundial.

Quinto, José enfrentou, de forma constante, sedução sexual. Seus atributos físicos eram notórios. Era um jovem belo e atraente. Seu carisma era indisfarçável. O jovem hebreu transpirava simpatia e espírito de liderança. Sua beleza aliada com sua simpatia, sua firmeza temperada com doçura atraíram os olhos da mulher de Potifar. Esta colocou os olhos em José e o cobiçou. Essa paixão, como fogo, crepitava em seu coração. Seus desejos carnais prevaleceram, e ela, por várias vezes, tentou seduzir José com apelos indecorosos. Ela convidou José repetidas vezes para deitar-se com ela. Estava determinada a levar José para a cama. A todos os seus apelos, recebia um sonoro não de José. Quando viu seus apelos sendo rejeitados, um após o outro, ela agarrou José para levá-lo à força para a cama. José, porém, deixando sua túnica em suas mãos, escapou. José entendia que na área sexual ser forte é fugir e foi o que ele fez. A Palavra de Deus ensina a nos sujeitar a Deus, resistir ao diabo, mas a fugir das paixões carnais.

José poderia ter usado vários argumentos para justificar sua queda moral com a mulher de Potifar, seu senhor:

Em primeiro lugar, ele era um adolescente de dezessete anos (Gênesis 39:2). Os psicólogos diriam que esse é o tempo da autoafirmação. Os médicos diriam que esse é o tempo da explosão dos hormônios. Os jovens diriam que José precisava provar que era homem. Ele poderia dizer: o apelo foi irresistível. Mas, apesar de todos esses argumentos, ele firmemente resolveu em seu coração, à semelhança de Daniel, mais tarde, não se contaminar. Os favores sexuais poderiam lhe dar momentos de prazer, mas uma vida de tormento. A Palavra de Deus chega a dizer que somente aqueles que querem se destruir cometem tal loucura (Provérbios 6:32). O pecado é maligníssimo. Promete prazer e paga com desgosto; promete liberdade e escraviza; promete vida e mata.

Em segundo lugar, José era um jovem forte e bonito (Gênesis 39:6). Ele era belo, inteligente e meigo. Já tinha dado sobejas provas de sua firme e abençoada liderança. Tudo em que José colocava as mãos, Deus fazia prosperar. Era bonito por dentro e por fora. Tinha carisma e caráter. A dignidade de sua conduta resplandecia mais do que sua aparência juvenil. Tudo isso encheu os olhos da mulher de Potifar. Ela passou a olhá-lo de soslaio. Cobiçava-o no secreto do seu coração. Essa paixão endoidecida vazou e ela não se conteve. O desejo transformou-se em palavras aveludadas. Não sendo suficientes as palavras, ela partiu para a ação. Ela assaltou José como uma fera predadora ataca um animal indefeso. Queria-o de todas as formas. José não permitiu que seus atributos físicos fossem um terreno escorregadio para sua queda.

Em terceiro lugar, José estava longe da família (Gênesis 39:1). Não tinha ninguém por perto para vigiá-lo nem cobrar dele qualquer postura moral. A solidão tem sido terreno escorregadio na vida de muitos jovens. Estar longe de casa levou o filho pródigo a viver dissolutamente, gastando seus bens com um estilo de vida desregrado. O temor de Deus, o princípio da sabedoria, é o único freio moral capaz de nos manter de pé na hora da tentação. E foi exatamente o que José fez. Ele agarrou-se nessa âncora moral para não naufragar.

Em quarto lugar, José era escravo (Gênesis 39:1). Um escravo não tinha vez nem voz. Ele não tinha direito, apenas deveres. Ele não decidia, apenas obedecia. José foi tentado pela mulher de seu patrão. Ele poderia pensar: "um escravo só tem que obedecer". Ou poderia racionalizar, dizendo que seria uma boa chance para deixar de ser escravo. Inobstante a essa realidade, ele resistiu à tentação com argumentos demolidores. Ele não poderia trair seu patrão nem desonrar a Deus. Adulterar com a mulher de Potifar seria traí-lo e, ao mesmo tempo, desonrar a Deus. Foi o temor do Senhor, o princípio da sabedoria, que livrou José dessa armadilha mortal. José não deixou para tomar a decisão no fogaréu da tentação. Sua decisão já estava tomada. Ele pautava sua vida pelos princípios eternos. Era governado pelas leis do céu, e não pelos arranjos terrenos.

Em quinto lugar, José foi tentado diariamente (Gênesis 39:7,10). Não foi ele quem procurou o pecado da infidelidade. Foi a mulher de Potifar que lhe disse todos os dias: "Deita-te comigo". Ele agiu de forma diferente de Sansão, que não resistiu à tentação de Dalila. Muitos conseguem escapar da primeira investida, mas sucumbem mais tarde. Como Eva, continuam dando guarida ao tentador até cobiçarem o que é proibido. José permaneceu resoluto. Não abriu brechas em sua armadura. Não transigiu com seus valores. Não abriu a guarda para ser arrastado pelas correntezas da paixão carnal. Há muitos líderes que enfrentam, vitoriosamente, exércitos inimigos, mas sucumbem ao apelo da volúpia e caem, derrotados, na cama do adultério.

Em sexto lugar, José foi agarrado (Gênesis 39:11,12). Ele podia dizer: "Eu fiz o que estava ao meu alcance. Se eu não cedesse, o escândalo seria maior". José, porém, preferiu estar na prisão com a consciência limpa a estar em liberdade, na cama da patroa, com a consciência culpada. Ele perdeu a liberdade, mas não a dignidade. Ele resistiu ao pecado até o sangue. José manteve-se firme por entender o significado da presença de Deus (Gênesis 39:2,3) e a bênção de Deus em sua vida (Gênesis 39:5). Também por entender que o adultério é maldade contra o cônjuge traído (Gênesis 39:9) e um grave pecado contra Deus (Gênesis 39:9). O conhecimento da verdade, associado ao temor a Deus, é poderoso antídoto contra o mal. A Escritura pergunta: "De que maneira poderá o jovem guardar puro o seu caminho? Observando-o segundo a tua palavra" (Salmos 119:9). O salmista tomou a seguinte decisão: "Guardo no coração as tuas palavras, para não pecar contra ti" (Salmos 119:11).

Em sétimo lugar, José suportou a dor da demora de Deus (Gênesis 41:46). José foi injustiçado em sua casa, na casa de Potifar e na prisão. Passaram-se treze anos até que ele saísse da masmorra e fosse recompensado. Ele saiu da prisão aos trinta anos de idade. Você pode imaginar o que é viver de forma fiel tanto tempo até Deus reverter a situação? Inobstante a essa circunstância carrancuda, a face de Deus era sorridente para ele. Ele passava por todas essas agruras, mas Deus estava com ele. A presença de Deus, às vezes, é real, embora não vista; a presença dele é constante, embora nem sempre sentida; a presença de Deus é restauradora, embora nem sempre reconhecida.

Há um plano perfeito sendo traçado no andar de cima da sua vida. Deus está no controle. Ele está vendo o fim da história. Ele vai tecendo os fios da história de acordo com o seu sábio propósito. Os dramas da nossa vida não apanham Deus de surpresa. Os imprevistos dos homens não frustram os desígnios de Deus. O Senhor já havia anunciado a Abraão que sua descendência desceria ao Egito. Deus estava usando o infortúnio de José para cumprir os seus soberanos propósitos.

Deus jamais desampara os que nele confiam. Ele não nos poupa dos problemas, mas caminha conosco nos problemas. Quando passamos pelo vale da sombra da morte, ele vai conosco. Quando passamos pelas ondas, pelos rios e pelo fogo, ele nos protege. Quando os amigos de Daniel estavam na fornalha, o quarto homem estava com eles. Jesus prometeu estar conosco sempre, todos os dias, até a consumação dos séculos. Você não está só. O Deus Todo-poderoso está com você e trabalha por você. Você pode alçar sua voz e dizer como o apóstolo Paulo: "Que diremos, pois, à vista destas coisas? Se Deus é por nós, quem será contra nós?" (Romanos 8:31). Podemos, com entusiasmo singular, olhar para as circunstâncias mais difíceis da vida e dizer: "Porque eu estou bem certo de que nem a morte, nem a vida, nem os anjos, nem os principados, nem as coisas do presente, nem do porvir, nem os poderes, nem a altura, nem a profundidade, nem qualquer outra criatura poderá separar-nos do amor de Deus, que está em Cristo Jesus, nosso Senhor" (Romanos 8:38,39).

A INTERVENÇÃO DE DEUS POR NÓS

Deus não nos livra de sermos humilhados, mas nos exalta em tempo oportuno (Atos 7:10). Porém, é importante ressaltar que José foi humilhado por ser fiel. Ele foi humilhado em sua família. Foi humilhado pela patroa. Foi humilhado pelo copeiro de Faraó na prisão. Foi humilhado durante treze anos por não transigir com os absolutos de Deus em sua vida. Nessas circunstâncias tão adversas, Deus trabalhou na vida dele, dando-lhe três coisas:

Primeiro, consolação em seus problemas (Atos 7:9). "Os patriarcas, invejosos de José, venderam-no para o Egito; mas Deus estava com ele". Deus estava com ele em seus problemas.

Segundo, libertação de seus problemas (Atos 7:10a). "E livrou-o de todas as suas aflições...". Deus não o livrou de ter problemas, mas livrou-o de ser engolido pelos problemas.

Terceiro, promoção depois de seus problemas (Atos 7:10b). "... concedendo-lhe também graça e sabedoria perante Faraó, rei do Egito, que o constituiu governador daquela nação e de toda a casa real". José foi exaltado depois de ser provado e humilhado. Deus o tirou da prisão e o colocou no trono do Egito. Deus exaltou José depois de sua humilhação. Deus o livrou de todas as suas aflições. Vida cristã não é ausência de aflição, mas livramento nas aflições. Deus lhe deu graça e sabedoria. Deus lhe deu sabedoria para entender o que ninguém entendia. Para ver o que ninguém via. Para discernir o que ninguém compreendia. Para trazer soluções a problemas que ninguém previa.

Deus galardoou José e fez dele um instrumento de bênção para os outros. Deus usou os seus irmãos para colocá-lo no caminho da providência e usou José para salvar a vida dos seus irmãos. Todas as coisas cooperam para o bem daqueles que amam a Deus. José foi o instrumento que Deus levantou para salvar o mundo da fome e da morte. A bênção de Jacó, seu pai, sintetizou a bênção de Deus sobre José dizendo: "José é ramo frutífero junto a fonte, ramo que se estende sobre os muros" (Gênesis 49:22).

A GRAÇA DE DEUS ATRAVÉS DE NÓS

Deus não nos poupa de sofrermos injustiças, mas nos dá poder para triunfar sobre elas através do perdão (Atos 7:11-16). Leia o registro bíblico:

> Sobreveio, porém, fome em todo o Egito; e, em Canaã, houve grande tribulação, e nossos pais não achavam mantimentos. Mas, tendo ouvido Jacó que no Egito havia trigo, enviou, pela primeira vez, os nossos pais. Na segunda vez, José se fez reconhecer por seus irmãos, e se tornou conhecida de Faraó a família de José. Então, José mandou chamar a Jacó, seu pai, e toda a sua parentela, isto é, setenta e cinco pessoas. Jacó desceu ao Egito, e ali morreu ele e também nossos pais; e foram

transportados para Siquém e postos no sepulcro que Abraão ali comprara a dinheiro aos filhos de Hamor.

José foi injustiçado pelos seus irmãos, mas compreendeu que eles estavam sendo apenas instrumentos da providência divina em sua vida. Vejamos:

1. **Gênesis 45:5** – "Agora, pois, não vos entristeçais, nem vos irriteis contra vós mesmos por me haverdes vendido para aqui; porque, para conservação da vida, Deus me enviou adiante de vós".

2. **Gênesis 45:8** – "Assim, não fostes vós que me enviastes para cá, e sim Deus, que me pôs por pai de Faraó, e senhor de toda a sua casa, e como governador em toda a terra do Egito".

3. **Gênesis 50:20** – Vós, na verdade, intentastes o mal contra mim; porém Deus o tornou em bem, para fazer, como vedes agora, que se conserve muita gente em vida".

José decide perdoar os seus irmãos em vez de vingar-se deles. Ele resolveu pagar o mal com o bem. Perdoar é restaurar, é cancelar a dívida, é não cobrar mais. É deixar o outro livre e ficar livre. Perdoar é oferecer ao ofensor o seu melhor. O perdão oferece cura para ofensores e ofendidos.

José deu várias provas do seu perdão. Primeiro, ele deu o nome de Manassés ao seu primeiro filho (Gênesis 41:51). O nome Manassés significa "Deus me fez esquecer". O significado de seu filho primogênito é perdão. Segundo, José deu a melhor terra do Egito para os seus irmãos (Gênesis 45:18,20). Terceiro, José sustentou seus irmãos e seu pai (Gênesis 47:11,12). Quarto, José pagou o mal com o bem (Gênesis 50:19-21). A mágoa tem destruído muitos líderes. As intérminas desavenças eclesiásticas têm desidratado muitos obreiros. Há muitos pastores doentes emocionalmente porque não conseguiram superar a dor das injustiças sofridas no campo de trabalho. Há outros que perderam a saúde nessa saga. Perdoar, porém, é uma necessidade básica de sobrevivência. Quem não perdoa não é livre. Quem guarda mágoa vive num calabouço emocional. O perdão é uma questão até de bom senso. Nutrir ranço no coração é uma espécie de autofagia. É tomar um copo de veneno pensando que o outro é quem vai morrer. O perdão é obra da graça. O perdão é maior do que o ódio. O perdão é assepsia da alma, a faxina da mente, a alforria do coração. O perdão cura, liberta e restaura.

Aprendemos com José duas lições muito importantes. A primeira delas é o caráter ondulatório da vida. A vida de José foi tecida pelas marcas da humilhação e da exaltação. Sombras e luzes, altos e baixos, vales escuros e picos ensolarados. A nossa vida também é ondulatória: luz e sombras, alegria e choro, festa e luto, saúde e doença, perdas e ganhos, celebração e lamento, dias claros e dias tenebrosos, medo e esperança, dor e alívio.

A segunda lição é a providência triunfante de Deus. O plano de Deus é perfeito. Ele já nos destinou para a glória. Não importa quão estreito seja o caminho, quão cheio de espinhos seja a estrada, ou quão furiosos sejam os inimigos que nos espreitam, nossa chegada é certa e nossa vitória é segura.

Os infortúnios humanos não frustram os planos divinos. Portanto, devemos estar preparados para mudanças circunstanciais na vida. Devemos manter-nos firmes para nunca transigir com os valores absolutos, mesmo quando as provas forem terrivelmente opressoras. Devemos confiar em Deus mesmo quando as coisas estiverem no pior estágio. Mesmo que a tempestade borrascosa pareça interminável, o sol vai voltar a brilhar. Devemos saber que Deus tem grandes propósitos em vista para realizar por nós, em nós e por nosso intermédio. Nossa história ainda não terminou. Coisas maiores ainda estão por acontecer. Deus está no trono e as rédeas da história estão em suas mãos.

3

PAULO:
Um líder reconciliador

Hernandes Dias Lopes

A carta de Paulo a Filemom é uma das joias preciosas da literatura cristã. Esta é a menor epístola do veterano apóstolo. Em virtude da perseguição dos judeus, Paulo estava preso em Roma nos idos de 61 e 62 d.C. O velho apóstolo esteve detido em Roma cerca de dois anos. Foi nesse tempo que chegou à prisão o escravo Onésimo, foragido da casa de Filemom. O escravo fugitivo foi gerado espiritualmente na prisão. Por intermédio de Paulo, ele conheceu a Cristo e foi alcançado pela graça. Agora, transformado pelo evangelho, é enviado de volta à casa de seu senhor, não mais como um escravo fugitivo, mas como um irmão na fé.

Filemom era um homem rico, dono de escravos, que morava em Colossos, cidade da Ásia Menor. Ele, também, fora convertido a Cristo pelo ministério do apóstolo Paulo (Filemom 19). A vida de Filemom era um farol a brilhar no meio de uma noite trevosa. Ele era um homem que tinha uma vida espiritual exemplar:

1. Fé em Jesus (Filemom 5);

2. Amor para com todos os santos;

3. O coração dos santos era reanimado por seu intermédio (Filemom 7).

Esta carta é enviada a Filemom, à sua esposa, Áfia, e ao seu filho e pastor, Arquipo, bem como a toda a igreja, que se reunia em sua casa (Filemom 2).

Como já dissemos, Paulo estava preso em Roma. Por providência divina, o escravo fugitivo da casa de Filemon e que também havia roubado seu senhor (Filemom 18) foge para Roma em busca de liberdade e vai parar exatamente onde Paulo estava, na prisão. Ali, entre cadeias, Paulo o levou a Cristo (Filemom 10).

É digno de nota que no Império Romano havia cerca de sessenta milhões de escravos. Muitos deles eram oprimidos e maltratados. Outros mutilados e até mortos. Alguns escapavam, roubando os seus senhores. Porém, quando capturados, eram marcados na testa com ferro quente com um F (*fugitivus*) ou eram crucificados publicamente para impor temor aos demais. Um escravo não tinha direitos; apenas deveres. Não era uma pessoa, mas uma ferramenta viva. Um escravo valia de quinhentos a cinquenta mil denários. Era uma mercadoria, que os senhores compravam, trocavam ou vendiam. A escravidão foi sempre uma página vergonhosa na história humana. A influência da fé cristã solapou os alicerces dessa opressão desumana. Na contramão da cultura prevalecente, na igreja cristã, não havia escravos nem livres. Todos eram iguais. Mais tarde, a liberdade raiou e a escravidão foi sendo banidas das nações. Vergonhosamente ainda se vê aqui, ali ou acolá o ser humano sendo submetido a essa humilhação. A escravidão com suas faces cavernosas deve merecer nosso total repúdio. Onde o evangelho de Cristo prevalece não pode medrar a escravidão. Cristo veio para tornar livres os cativos.

A carta de Paulo a Filemom é um brado de alforria dos cativos. É um tratado contra a escravidão. É uma poderosa apologia da plena liberdade.

Quando Paulo levou o fugitivo Onésimo a Cristo, este passou a servi-lo, como seu cooperador, na prisão, mas Paulo logo o envia de volta ao seu senhor, rogando-lhe que o recebesse como se fosse ele próprio, dispondo-se, inclusive, a pagar a Filemom o que porventura Onésimo lhe devesse.

Nesta carta, aprendemos várias lições:

VOCÊ NUNCA É TÃO GRANDE COMO QUANDO VOCÊ É HUMILDE (Filemom 1,8,9,14,19)

Duas verdades merecem destaque aqui. A primeira delas é que Paulo não se apresenta como apóstolo, mas como prisioneiro de Cristo (Filemom 1). Quando vai interceder por um escravo, Paulo coloca-se no nível dele e em vez de usar sua autoridade de apóstolo, apresenta-se como o "prisioneiro de Cristo" (Filemom 1) e o "velho" (Filemom 9). Quando vai defender a causa de alguém que o mundo considerava apenas um objeto do seu dono, chama-o de "meu filho" (Filemom 10), "o meu próprio coração" (Filemom 12). Paulo compreende que as circunstâncias podem estar fora do nosso controle, mas não do controle de Deus. Paulo não se considera prisioneiro de Roma ou de César, mas de Cristo. É um embaixador em cadeias. É Cristo quem está no controle da sua vida. A fuga de Onésimo estava fora do calendário de Filemom, mas não fora do controle da agenda de Deus (Filemom 15,16).

A segunda verdade que destacamos é que Paulo não usa sua autoridade de apóstolo para impor sua vontade a Filemon, mas solicita com amor. Se Paulo não tivesse ganhado o coração de Filemon, Onésimo poderia ter tido uma recepção gelada. Paulo prefere apelar em nome do amor do que ordenar (Filemom 8,9). Muitas vezes, podemos fechar portas em vez de abri-las quando exercemos uma autoridade autoritária, em vez de uma postura humilde.

VOCÊ NUNCA DEVE PERDER UMA OPORTUNIDADE PARA ELOGIAR SINCERAMENTE AS PESSOAS (Filemom 4-7)

O texto em apreço aponta-nos duas lições assaz importantes. Na primeira delas, Paulo destaca a vida fiel de Filemom tanto para com Deus como para com os irmãos (Filemom 4,5). Paulo agradece a Deus, em oração, pelo relacionamento de Filemom com Jesus e com os irmãos. Qual foi a última vez que você agradeceu a Deus pela vida de uma pessoa e disse isso para ela? Às vezes, nós só falamos para os irmãos os seus pontos negativos, mas e o encorajamento?

A segunda lição é que Paulo enaltece os efeitos do amor de Filemom na vida das pessoas (Filemom 7). Paulo não era daquele tipo de crente que achava que é perigoso fazer elogios sinceros. Diga para as pessoas que elas são uma bênção. Diga para elas que você tem sido abençoado por intermédio da vida delas. Diga para elas que muitos são consolados por intermédio do ministério delas. A casa de Filemom era um oásis.

Sua vida tem sido um refrigério para as pessoas que vivem ao seu redor? Quando as pessoas oram por você podem fazê-lo com alegria ou sempre com lágrimas?

O amor cristão sempre abençoa as pessoas:

> » O amor demonstra gratidão pelo melhor dos outros (Filemom 4);
>
> » procura o bem dos outros (Filemom 10);
>
> » lida honestamente com os outros (Filemom 12);
>
> » leva o fardo dos outros (Filemom 18);
>
> » e crê o melhor dos outros (Filemom 21).

VOCÊ NUNCA DEVE PERDER A OPORTUNIDADE DE SER UM PACIFICADOR
(Filemom 8-16)

Paulo usou cinco fortes argumentos para apelar a Filemom, a fim de que recebesse Onésimo de volta com bom grado. Paulo foi um intercessor, um mediador e um pacificador. Temos nós construído pontes ou cavado abismos entre as pessoas?

Vejamos os argumentos usados pelo apóstolo Paulo:

No primeiro argumento, Paulo começou com a reputação de Filemom como um homem que abençoava as pessoas (Filemom 8). As palavras "pois bem" conectam-se com o fato de que Filemom era um homem que reanimava o coração dos santos. Agora, Paulo está lhe dando a oportunidade de refrigerar o seu próprio coração. Filemom tinha sido uma bênção para muitos crentes, agora deveria ser também para um escravo fugitivo que havia se convertido.

No segundo argumento, Paulo usou a linguagem do amor em vez de autoridade apostólica para sensibilizar Filemom (Filemom 9). Paulo era apóstolo, era velho e ainda estava preso. Mas em vez de ordenar, pede, suplica. Há um ditado chinês que diz: "Pegamos mais moscas com uma gota de mel do que com um barril de fel".

No terceiro argumento, Paulo apela a Filemom, falando acerca da conversão de Onésimo (Filemom 10). Onésimo era apenas um escravo ladrão e fugitivo, mas agora é filho na fé de Paulo e irmão na fé de Filemom. Em Cristo, não há escravo nem livre (Gálatas 3:28). Isso não significa que quando uma pessoa é convertida sua condição social muda ou que suas dívidas não devem mais ser pagas. Mas significa que Onésimo agora tem uma nova posição diante de Deus e diante do povo de Deus e Filemom tem que levar isso em consideração. A vida de Onésimo pode ser dividida em 5 partes:

1. Na casa de Filemom – Sua desonestidade.

2. Em Roma – Uma grande cidade de liberdades sem limites e muitas tentações.

3. Sob a influência da pregação de Paulo – Um ouvinte e um convertido.

4. Na prisão, como um ajudante de Paulo – Sua conversão se prova pelo fato de deixar as más companhias, servir a Paulo e estar pronto a voltar ao seu senhor.

5. Na casa do seu senhor novamente – Retorno, reconciliação e alegria.

No quarto argumento, Paulo diz a Filemom que Onésimo lhe era útil em seu ministério em Roma (Filemom 11-14). O nome Onésimo significa ÚTIL e o nome Filemon significa "afeiçoado" ou "aquele que é gentil". Se o escravo que se tornara inútil, agora é útil, não deveria o nome do patrão fazer jus também ao seu significado? Paulo poderia ter mantido Onésimo consigo em Roma, mas resolveu devolvê-lo ao seu senhor, como alguém útil. O evangelho transforma as pessoas: um inútil numa pessoa útil; um escravo, num irmão; um ladrão em uma pessoa honesta; um fugitivo em alguém que volta para pedir perdão.

O quinto argumento usado por Paulo relata a providência divina (Filemom 15,16). Como crentes devemos crer que Deus está no controle das situações e circunstâncias mais difíceis (Romanos 8:28). A fuga de Onésimo não apanhou Deus de surpresa. Deus o levou a Paulo em Roma objetivando salvá-lo e devolvê-lo como um irmão ao seu senhor. Onésimo foi para Roma como um escravo, mas voltou como um irmão. Paulo com esses argumentos encoraja Filemom a perdoar o seu escravo e a recebê-lo como a um irmão.

VOCÊ NUNCA DEVE DESISTIR DE VER O PODER DO EVANGELHO PREVALECENDO NA VIDA DAS PESSOAS (Filemom 17-25)

Destacaremos cinco verdades importantes aqui:

Em primeiro lugar, precisamos aprender que não existem pessoas mais importantes do que outras (Filemom 17). Paulo, o apóstolo de Cristo, roga a Filemom para receber o escravo convertido como se fosse ele mesmo. Isso quer dizer que não existe uma pessoa mais importante do que outra na igreja de Deus. Somos todos iguais. Somos todos companheiros de jornada.

Em segundo lugar, precisamos aprender a nos identificar com as falhas das pessoas (Filemom 18,19). Paulo pediu a Filemom para receber a Onésimo como ao seu próprio coração (Filemom 12). Paulo estava pronto a colocar a dívida de Onésimo em sua própria conta (Filemom 18,19). Isso é profunda identificação. Temos que ter compaixão pelos que erram. O cristianismo transforma o pior escravo no melhor dos homens livres. Isso é uma ilustração do que Jesus fez por nós. Lutero disse que todos nós somos ONÉSIMOS. O povo de Deus foi tão identificado com Jesus que o Pai nos recebe como ao seu próprio Filho. Somos aceitos no Amado (Efésios 2:6). Fomos vestidos em sua justiça (2Coríntios 5:21). A palavra "recebe-o" no versículo 17 é receber dentro do círculo familiar. Imagine um escravo entrando dentro do círculo familiar do seu senhor! Imagine um pecador entrando na família de Deus! Paulo não sugere que Filemom ignore os crimes de Onésimo, mas oferece-se para pagar sua dívida. A linguagem do versículo 19 soa como uma nota promissória legal. Não bastou o amor de Deus para nos salvar. Ele salvou-nos por sua graça. E graça é amor que paga um preço! Ele pagou a nossa dívida. Isso é a doutrina da imputação. Cristo morreu na cruz e meus pecados foram lançados sobre ele. Quando eu confio nele, sua justiça é lançada sobre mim. Então, Deus me recebe como recebe ao seu Filho.

Em terceiro lugar, precisamos exercitar tanto a restituição como o perdão (Filemom 12,17-20). Uma pessoa convertida tem uma transformação no seu caráter. Ele deixa de ser um caloteiro; assume suas responsabilidades. Ele exercita a restituição. Paulo restitui Onésimo e está pronto a restituir o dinheiro que Onésimo roubou. Mas, embora Paulo esteja pronto a pagar a dívida, encoraja Filemo a perdoar Onésimo. O perdão é a marca de um verdadeiro cristão. Perdoar é cancelar a dívida, é não cobrá-la mais. É deixar a outra pessoa livre.

Em quarto lugar, precisamos aprender sobre o glorioso poder de Jesus para salvar. Jesus apanha um escravo fugitivo e faz dele um homem livre, salvo, santo e útil. Não há caso perdido para Jesus. Não devemos desistir de pregar nem de esperar a transformação das pessoas. Jesus ainda continua transformando escravos em homens livres. O evangelho transforma um escravo em um irmão.

Em quinto lugar, precisamos compreender que uma pessoa convertida se torna uma pessoa útil nas mãos de Deus (Filemom 11). Uma pessoa convertida precisa ser uma bênção. Ela tem uma transformação radical na vida. Ela não é mais a mesma. Suas palavras mudam. Sua conduta muda. Suas atitudes mudam. Antes, um problema; agora, uma bênção. Uma pessoa convertida é uma bênção permanente (Filemom 15).

Paulo termina a carta com uma saudação cheia de ensinos:

1. Quando se faz as coisas do jeito de Deus, os resultados sempre transcendem as expectativas (Filemom 21);

2. Tudo o que Deus faz, o faz através da intercessão de seu povo (Filemom 22);

3. Demas amou o presente século e abandonou o apóstolo Paulo depois de um tempo de caminhada. Isso não significa perda da salvação, pois salvação é uma dádiva eterna; mas alerta-nos para o fato de que algumas pessoas podem estar envolvidas na obra de Deus sem serem da obra.

4

PAULO:
Encorajado para encorajar

Arival Dias Casimiro

Há na Bíblia um ensino precioso e necessário para a alma humana: a teologia do encorajamento. A sua origem é divina, a sua natureza é sobrenatural, o seu caráter é espiritual e o seu objetivo é animar as almas cansadas. O encorajamento bíblico não pode ser comparado às filosofias de autoajuda nem às terapias humanas. Ele é único, inigualável e exclusivo. Ele é necessário, suficiente e produtivo.

Precisamos constantemente da ajuda de Deus ou do socorro que vem do céu. O salmista expressou: "O meu socorro vem do Senhor, que fez o céu e a terra" (Salmos 121:2). Todo ser humano precisa de encorajamento para viver e enfrentar as lutas da vida, principalmente aqueles que estão envolvidos na obra missionária e pastoral. Todo cristão precisa de consolo e ânimo diante das aflições deste mundo. É como se o encorajamento fosse o oxigênio da alma.

Paulo é exemplo de um servo que aprendeu a obediência por aquilo que sofreu. Ele foi um vaso escolhido por Deus para levar o evangelho ao mundo, mas com muito sofrimento. "Mas o Senhor lhe disse: vai, porque este é para mim um instrumento escolhido para levar o meu nome perante os gentios e reis, bem como perante os filhos de Israel; pois eu lhe mostrarei quanto lhe importa sofrer pelo meu nome"

(Atos 9:15,16). Paulo, que causou muitos sofrimentos aos cristãos, vai, então, sofrer muito por causa de Cristo. "Levar o nome" ou dar o testemunho fiel acerca de Jesus é uma tarefa custosa que acarretará muito sofrimento para sua vida.[1]

Na segunda carta aos Coríntios, Paulo descreve o quanto sofreu. Esta é a carta mais pessoal de Paulo, onde ele revela os seus sentimentos e sofrimentos ministeriais. Hernandes Dias Lopes comenta:

> Essa é a sua carta mais autobiográfica. Nela, o apóstolo conta suas lutas mais renhidas e suas aflições mais agônicas. Nessa carta, Paulo abre as cortinas da alma e mostra suas dores mais profundas, suas tensões mais íntimas e suas experiências mais arrebatadoras.[2]

Paulo apresenta, nesta epístola, três aspectos do sofrimento: o sofrimento revela a glória de Deus (2Coríntios 4:7-12); o sofrimento ministerial é necessário para que Deus seja glorificado (2Coríntios 6:4-10); o sofrimento é um preço que se paga para que o evangelho se expanda por todo o mundo (2Coríntios 11:23-28).[3]

---

[1] MARSHAL, I. Howard. *Atos Introdução e Comentário*. São Paulo: Vida Nova, 2007, p.166.

[2] LOPES, Hernandes D. *2Coríntios: o triunfo de um homem de Deus diante das dificuldades*. São Paulo: Hagnos, 2014, p. 11.

[3] KISTEMAKER, Simom. *Comentário do Novo Testamento: 2 Coríntios*. São Paulo: Cultura Cristã, 2004, p. 37-38.

Há, porém, por parte de Paulo, o propósito de revelar o consolo da parte de Deus no sofrimento. Esta é uma carta de encorajamento para os trabalhadores do Reino. Se você está servindo a Deus em meio à tribulação, aproprie-se desse conforto. A palavra-chave dessa epístola é "consolar". O verbo aparece 18 vezes, e o substantivo, 11. A carta começa e termina com consolo (2Coríntios 1:3; 13:11). Deus é a fonte e o doador de todo tipo de encorajamento e ajuda, e o versículo-chave da carta é: "Então, ele me disse: A minha graça te basta, porque o poder se aperfeiçoa na fraqueza. De boa vontade, pois, mais me gloriarei nas fraquezas, para que sobre mim repouse o poder de Cristo" (2Coríntios 12:9). A graça de Deus é o meio pelo qual toda consolação chega a nós.

O nosso propósito neste capítulo é extrair uma síntese do pensamento e da vida de Paulo e, assim, aprender importantes lições sobre o encorajamento ou o consolo divino.

O QUE É ENCORAJAMENTO?

Encorajamento é o ato de ser encorajado, animado e consolado, principalmente, nos momentos difíceis da vida. O conceito bíblico de encorajamento pode ser entendido a partir de três palavras:

1. **Animar-se ou ter bom ânimo** (em grego *tharreô ou tharseô*). Significa "ter coragem", "animar-se" e "ter confiança" (Marcos 10:49; Mateus 9:2; 14:27; João 16:33). É o consolo que vence o medo e confia nas promessas de Deus. Trata-se de uma expressão usada na Bíblia para combater o temor (Êxodo 14:13; 1Reis 17:13).

2. **Confortar** (em grego *paramytheomai*). Essa palavra tem o sentido positivo de "consolar" (1Tessalonicenses 2:12). Este era um dos objetivos da profecia ou do ensino da Palavra de Deus hoje: edificar, exortar e *consolar* (1Coríntios 14:3). Todo cristão pode consolar aqueles que estão desanimados (1Tessalonicenses 5:14). Refere-se também ao consolo a pessoas enlutadas (João 11:19,31).

3. **Consolar** (em grego *parakaleo*) significa "consolar", "animar", "exortar", "confortar", "incentivar" e "animar". Denota o ato de ficar ao lado de uma pessoa para encorajá-la enquanto ela estiver suportando as tragédias da vida e as duras provações espirituais.

A FONTE DO ENCORAJAMENTO

Paulo declara: "Bendito seja o Deus e Pai de nosso Senhor Jesus Cristo, o Pai de misericórdias e Deus de toda consolação!" (2Coríntios 1:3). A expressão "Deus de toda consolação" revela que Deus, o Pai, é fonte ou origem de toda consolação ou encorajamento. "Eu, eu sou aquele que vos consola; quem, pois, és tu, para que temas o homem, que é mortal, ou o filho do homem, que não passa de erva?" (Isaías 51:12).

Esse consolo é um ato paternal da compaixão de Deus pelo seu povo. "Como alguém a quem sua mãe consola, assim eu vos consolarei; e em Jerusalém vós sereis consolados" (Isaías 66:13). Deus nos consola com o carinho de uma mãe. A palavra "toda consolação" indica que não há carência que Deus não possa suprir. Isso significa que Deus está sempre pronto para atender as pessoas que clamam por ele, sejam quais forem as carências, tribulações e dificuldades. Nossas aflições nunca podem exceder a capacidade de Deus de consolar.

No Novo Testamento, o termo "consolador" também se aplica a Jesus e ao Espírito Santo. O apóstolo João escreve: "Filhinhos meus, estas coisas vos escrevo para que não pequeis. Se, todavia, alguém pecar, temos Advogado junto ao Pai, Jesus Cristo, o Justo" (1João 2:1). "Advogado" (*parakletos*, em grego) é um substantivo que significa "ajudador" ou "aquele que nos defende".

Dois destaques podem ser feitos no que se refere ao papel de Jesus como nosso advogado. Primeiro, Ele foi constituído por Deus, o Juiz de todos. Todo réu tem direito de defesa. Caso o réu não tenha recursos para constituir um advogado, a corte designa um advogado gratuito para ele. Na condição de pecadores, já estamos condenados pela lei de Deus, sem nenhuma condição de nos defender. Por isso, Jesus foi constituído por Deus para ser o nosso advogado. Sabemos que Satanás exerce a função de um promotor iníquo, acusando-nos diante de Deus. Ele aponta para Deus os nossos defeitos e pecados.

Em segundo lugar, Jesus é o advogado perfeito. O apóstolo João revela que o nosso advogado é Jesus Cristo, o Justo. O adjetivo "justo" qualifica o nosso advogado de três maneiras:

1. Ele é justo em sua natureza perfeita. Jesus não é pecador. O título "o Justo" foi aplicado a Ele (Atos 3:14; 7:52; 22:14). É como advogado sem pecado que Ele nos representa no tribunal divino.

2. Ele é justo em seu comportamento. Jesus nunca praticou um pecado sequer. Todo o seu proceder é correto e perfeito (Mateus 27:19,24).

3. Ele é justo porque conhece a fundo a vida do cliente. Jesus é onisciente e conhece a natureza humana em toda a sua fraqueza e falha. Ele sabe o que se passa no nosso interior (João 2:25).

Jesus disse aos seus discípulos: "E eu rogarei ao Pai, e ele vos dará outro Consolador, a fim de que esteja para sempre convosco, o Espírito da verdade, que o mundo não pode receber, porque não o vê, nem o conhece; vós o conheceis, porque ele habita convosco e estará em vós" (João 14:16,17).

Jesus chama o Espírito Santo de "o Consolador" (*Parakletos*, em grego) (João 14:16,25; 15:26; 16:7). A palavra grega traduzida como "consolador" é a mesma aplicada a Jesus. A palavra "outro" significa igual a Deus e a Jesus, em todas as virtudes, natureza e poder. O sentido ganha amplitude pois o Espírito, assim como Jesus, não apenas foi um advogado, mas uma pessoa que provê encorajamento, conselho, força, entusiasmo, motivação e poder.

O trabalho de encorajamento provido pelo Espírito é comparável ao apoio e ao carinho de um pai. Por isso Jesus diz "não vos deixareis órfãos" (João 14:18). A palavra "órfão" é encontrada exclusivamente neste texto e em Tiago 1:27, e o seu melhor sentido é "destituídos". Ela era comumente usada para indicar filhos destituídos de seus pais e de tudo aquilo que uma paternidade responsável oferece.

Não vos deixarei órfãos! Jesus Cristo não nos deixou:

» sem amor (João 13:1);

» sem exemplo (João 13:15);

» sem lei (João 13:34);

» sem recompensa (João 14:1);

» sem destino (João 14:6);

» sem serviço (João 14:12);

» sem paz (João 14:27);

» sem esperança (João 14:18).

No ministério de confortar e encorajar o cristão, o Espírito derrama amor divino no coração (Romanos 5:5), testifica internamente que são filhos de Deus (Romanos 8:16), unge com alegria e discernimento (2Colossenses.21), derrama paz e esperança na mente e no coração (Romanos 15:13), concede alegria na luta (Romanos 14:17), assiste na fraqueza (Romanos 8:26), produz a frutificação espiritual (Gálatas 5:22) e capacita para o serviço (1Coríntios 12:11).

A doutrina bíblica do encorajamento fundamenta-se na pessoa de Deus, ou nas três pessoas da Trindade. O Pai é o "Deus de toda a consolação", fonte inesgotável de consolo para toda e qualquer necessidade. O Filho é o nosso "advogado justo" que está ao nosso lado para defender a nossa causa perante Deus e os homens. Ele é o nosso consolador amado e o nosso protetor do mal. O Espírito Santo é "o outro consolador" que habita conosco e está em nós. Ele nos convence do pecado, nos guia na verdade, nos ensina e nos fortalece com o seu poder.

AS CARACTERÍSTICAS DO ENCORAJAMENTO

Paulo escreve aos seus amigos em Corinto como alguém que conhece as agruras e os rigores do sofrimento. Ele experimentou e continuava experimentando grandes aflições por causa do seu ministério de pregar o evangelho. Ele usa a palavra grega "tribulação" (*thlipsis*), que significa pressão física insuportável sobre a pessoa. A ideia era a de colocar pesadas cargas sobre o peito de uma pessoa até que ela viesse a óbito.[4] "Porque não queremos, irmãos, que ignoreis a natureza da tribulação que nos sobreveio na Ásia, porquanto foi acima das nossas forças, a ponto de desesperarmos até da própria vida" (2Coríntios 1:8). Paulo fala que o seu sofrimento foi maior do que a sua capacidade humana de resistir, a ponto de levá-lo a achar que iria morrer.

Além do sofrimento físico, Paulo lutava, também, contra a calúnia e a difamação dos seus opositores. Suas acusações eram:

> » Paulo tinha motivos impuros (2Coríntios 1:12);
>
> » era inconstante (2Coríntios 1:15-17);

---

[4] BARCLAY, William. *I y II Corintios*. Buenos Aires, Argentina: Ediciones Aurora, 1973, p. 181.

- » era fraco e fisicamente feio ou desprezível (2Coríntios 10:10);
- » não era um bom orador (2Coríntios 10:10);
- » pregava e ensinava por dinheiro (2Coríntios 11.7-9; 12:13);
- » não era um apóstolo verdadeiro (2Coríntios 11:5; 11:13; 12:4);
- » não era um judeu ortodoxo (2Coríntios 11:21);
- » não havia tido uma revelação direta em contraste com outros apóstolos (2Coríntios 12:1-4).

Paulo também sofria emocionalmente. "Porque chegando nós a Macedônia, nenhum alívio tivemos; pelo contrário, em tudo fomos atribulados: lutas por fora, temores por dentro" (2Coríntios 7:5). As lutas externas são com pessoas e circunstâncias adversas. A palavra "lutas" (*machai*) aplica-se sempre para brigas e disputas com incrédulos e falsos crentes (Atos 17:5-14; Filipenses 3:2).

Os temores internos são medo, ansiedade, angústia e ausência de paz: "não tive, contudo, tranquilidade no meu espírito" (2Coríntios 2:13). Isso é descrito por Paulo como um fardo diário de preocupação: "além das coisas exteriores, há o que pesa sobre mim diariamente, a preocupação com todas as igrejas" (2Coríntios 11:28). Trata-se de uma pressão e estresse mental ou um fardo de preocupação com todas as igrejas e não apenas uma igreja em particular.

Todo obreiro de Deus vivencia esses sofrimentos descritos por Paulo. Somos, muitas vezes, caluniados e julgados quanto às nossas intenções e motivações ministeriais. A preocupação com as ovelhas e com o bom andamento da igreja roubam a nossa paz e tiram o nosso sono. Trabalhamos sob pressão e com expectativas que vão além da nossa capacidade. Se não cuidarmos de nós mesmos, podemos cair em depressão ou esgotamento físico, mental e espiritual.

Precisamos, assim como Paulo, do encorajamento divino. Veja algumas características do consolo dado a nós por Deus:

Em primeiro lugar, o consolo é pessoal. "É ele que nos conforta" (2Coríntios 1:4). Deus pessoalmente nos conforta. Essa é uma característica fundamental do encorajamento bíblico. "Ele" indica que Deus não somente é a origem, mas também o agente da consolação. Ele pessoalmente nos consola. O verbo "conforta" está no presente contínuo indicando que o seu consolo e encorajamento são constantes e permanentes. Somente a pessoa de Deus pode compreender e suprir as necessidades de seus filhos. Ele está à nossa disposição e nos oferece auxílio gratuitamente. No meio da sua crise, lembre-se de Deus e busque a sua ajuda pessoal.

Quando Paulo estava disposto a abandonar o seu ministério em Corinto, o Senhor revelou-se a ele: "Teve Paulo durante a noite uma visão em que o Senhor lhe disse: Não temas; pelo contrário, fala e não te cales; porquanto eu estou contigo, e ninguém ousará fazer-te mal, pois tenho muito povo nesta cidade. E ali permaneceu um ano e seis meses, ensinando entre eles a palavra de Deus" (Atos 18:9-11). Quantas vezes pensamos em desistir do ministério por causa das lutas e tribulações? Lembre-se, porém, de que Deus está conosco para nos proteger, encorajar e nos fortalecer para continuar.

Outra vez, Paulo estava preso e teve que enfrentar o Sinédrio, por causa da sua fé e do seu ministério. Ele estava só, acusado injustamente e sem defesa humana. O Senhor, porém, estava com ele: "Na noite seguinte, o Senhor, pondo-se ao lado dele, disse: Coragem! Pois do modo por que deste testemunho a meu respeito em Jerusalém, assim importa que também o faças em Roma" (Atos 23:11). Jesus está ao nosso lado sempre, pessoalmente, para nos encorajar, incentivar e revelar o nosso futuro.

No final do seu ministério, Paulo se achava preso em Roma. A sua situação o conduzia à morte, pois sua sentença já havia sido lavrada pelo Império Romano. Ele se sentiu só e abandonado pelos homens. Mas, o Senhor estava com ele: "Na minha primeira defesa, ninguém foi a meu favor; antes, todos me abandonaram. Que isto não lhes seja posto em conta! Mas o Senhor me assistiu e me revestiu de forças, para que, por meu intermédio, a pregação fosse plenamente cumprida, e todos os gentios a ouvissem; e fui libertado da boca do leão" (2Timóteo 4:16,17).

Não importam as decepções que temos com as pessoas, Jesus sempre nos assistirá e nos revestirá de forças, para cumprirmos a jornada que ele mesmo nos deu. Não desanime, não se vitimize, não desista, pois o Senhor nos encoraja pessoalmente.

Em segundo lugar, o consolo é exclusivo. Observe que o consolo divino é para os seus filhos atribulados: "É ele que nos conforta em toda a nossa tribulação" (2Coríntios 1:4). O alvo do conforto de Deus são seus filhos que estão sofrendo. A palavra "tribulação" indica o sofrimento de alguém que está sob um "peso esmagador". A expressão "em toda" significa que não existe tribulação que o crente passa que Deus não esteja com ele. Deus consola e nos educa na tribulação. Charles Spurgeon diz:

Tão certo quanto Deus coloca Seus filhos na fornalha da aflição, Ele estará com eles nela. A maioria das grandes verdades de Deus tem que ser aprendidas por meio de problemas; eles devem ser queimados em nós com o ferro quente da aflição, caso contrário não os receberemos verdadeiramente. A fornalha da aflição é um bom lugar para você, cristão; beneficia você; ajuda-o a tornar-se mais semelhante a Cristo, e está lhe preparando para o céu. Aqueles que mergulham no mar da aflição trazem pérolas raras. O Senhor tira seus melhores soldados das terras altas da aflição.

O encorajamento divino é dado para os que estão em Cristo, pois vem por meio dele. Paulo continua: "Porque, assim como os sofrimentos de Cristo se manifestam em grande medida a nosso favor, assim também a nossa consolação transborda por meio de Cristo" (2Coríntios 1:5). Os que sofrem por causa de sua união com Jesus são consolados pelo próprio Cristo.

Pedro declara: "Amados, não estranheis o fogo ardente que surge no meio de vós, destinado a provar-vos, como se alguma coisa extraordinária vos estivesse acontecendo; pelo contrário, alegrai-vos na medida em que sois coparticipantes dos sofrimentos de Cristo, para que também, na revelação de sua glória, vos alegreis exultando" (2Pedro 4:12,13). Assim como os sofrimentos são inevitáveis e devem ser encarados com naturalidade, também o consolo é certo e eterno.

Em terceiro lugar, o consolo é proposital. Deus nos consola para podermos consolar outros que sofrem: "... para podermos consolar os que estiverem em qualquer angústia" (2Coríntios 1:4). Somos consolados por Deus na tribulação para podermos consolar outros que também sofrem. Quanto mais Deus nos conforta, mais podemos confortar os outros. Deus trabalha em nós para poder trabalhar por nosso intermédio. Somos canais da consolação divina. Paulo explica: "com a consolação com que nós mesmos somos contemplados por Deus" (2Coríntios 1:4).

A ideia é reproduzir ou compartilhar com outros irmãos atribulados o consolo que vem de Deus. Ele nos conforta para sermos consoladores. João Calvino diz: "As riquezas do Espírito não são para serem guardadas para nós mesmos, mas sempre que alguém as recebe deve também passá-las a outrem".

A natureza do consolo que distribuímos é divina e não humana. Não são as palavras humanas que irão consolar, mas sim o consolo divino que experimentamos. Ele nos vem pela companhia de Deus, mediante a Palavra de Deus e a oração. Deus encoraja por meio do Espírito Santo, usando também pessoas, como o exemplo de Tito e Barnabé (2Coríntios 7:6; Atos 4:36). A consolação que usaremos para consolar outros é a mesma com a qual fomos consolados por Deus.

Os crentes têm o dever de encorajar uns aos outros. "Exortai-vos mutuamente cada dia" (Hebreus 3:13). "Consolai-vos, pois, uns aos outros" (1Tessalonicenses 5:11). Temos a ordem divina de animar uns aos outros. Não se trata de uma opção, mas de um dever cristão. Todo cristão deve ser um encorajador.

Há crentes, porém, que têm o dom do Espírito Santo para a exortação, como Paulo declara: "se ministério, dediquemo-nos ao ministério; ou o que ensina esmere-se no fazê-lo; ou o que exorta, faça-o com dedicação" (Romanos 12:7,8). O "dom" é uma capacitação espiritual, dada pelo Espírito, para ser usada na edificação da igreja. Deus capacita pessoas especiais para um ministério contínuo e eficaz de consolação.

Concluo este capítulo reafirmando que todo cristão precisa de encorajamento. Ninguém sobrevive sem ser encorajado. A relação bíblica dos que precisam ser encorajados é abrangente: os líderes espirituais, os novos na fé, os atribulados, os que sofrem tentação, os enlutados, os insubmissos, os desanimados, os fracos, os amargurados de espírito, os doentes. Não importa a idade, o sexo, a classe social, o grau de instrução. Todos que correm a carreira cristã precisam de "forte encorajamento" (Hebreus 6:15).

John Maxwell disse: "As pessoas não apreciam o quanto você sabe até que conheçam o quanto você as aprecia". O maior segredo do encorajamento é você se importar com os outros. Seja sensível para entender de que os outros precisam e tenha disposição para lhes dar isso. Deus nos chamou para o encorajamento mútuo.

5

TIMÓTEO:
Passando a fé para as novas gerações

Arival Dias Casimiro

A pior tragédia que pode ocorrer na vida do povo de Deus é quando uma geração não passa o legado da fé para as futuras gerações. Um dos versículos mais tristes da Bíblia diz: "Foi também congregada a seus pais toda aquela geração; e outra geração após eles se levantou, que não conhecia o Senhor, nem tampouco as obras que fizera a Israel" (Juízes 2:10).

Josué e todos da sua geração morreram e a geração seguinte abandonou ao Senhor e abraçou a idolatria pagã. Aquela nova geração esqueceu o que Deus tinha feito pelo povo de Israel e abandonou a lei e os mandamentos de Deus. Logo, eles perderam a oportunidade de desfrutar das bênçãos prometidas por Deus e ganharam todas as maldições oriundas da desobediência.

A mensagem é clara para nós hoje: a fé cristã precisa ser transmitida de uma geração para outra. Se isso não ocorrer, as futuras gerações sofrerão os castigos de não conhecer o Deus verdadeiro.

O conceito bíblico de geração possui dois significados. Em primeiro lugar, o conceito de sucessão de descendentes familiares: pais, filhos, netos e bisnetos. "A sua descendência será poderosa na terra; será abençoada a geração dos justos" (Salmos 112:2). "De sorte que todas as gerações, desde Abraão até Davi são catorze; desde Davi até ao exílio na Babilônia, catorze; e desde o exílio da Babilônia até Cristo, catorze" (Mateus 1:17).

Em segundo lugar, geração pode ser definida como um conjunto de pessoas vivas numa mesma época. "Procederam corruptamente contra ele, já não são seus filhos, e sim suas manchas; é geração perversa e deformada" (Deuteronômio 32:4). "Em verdade vos digo que não passará esta geração sem que tudo isto aconteça" (Mateus 24:34).

O período de uma geração, segundo a Bíblia, era de cem anos (Gênesis 15:13; Êxodo 12:40; Gálatas 3:17). As "gerações" hoje são definidas como um grupo de indivíduos que nasceram numa mesma época e que possuem características únicas de comportamento, costumes e valores. O tempo que separa uma geração da outra é de 15 a 20 anos. Isso revela que é possível gerações diferentes viverem juntas e ao mesmo tempo.

O nosso propósito neste capítulo é apresentar um referencial bíblico de como passarmos a fé para as novas e futuras gerações. Precisamos também ganhar, formar e capacitar obreiros para as novas gerações.

A segunda carta de Paulo a Timóteo nos oferece riquíssimo material a respeito desse tema. Ela é uma carta escrita por um velho pastor à beira da morte a um jovem e inexperiente pastor. Ela foi escrita por Paulo, no ano 67 d.C., na cidade de Roma. A sua sentença já tinha sido lavrada e ele apenas aguardava a pena de morte. Ele se intitula de "o encarcerado do Senhor" (2 Timóteo 1:8). Timóteo estava pastoreando a igreja em Éfeso e todos os cristãos estavam sendo perseguidos de forma implacável pelo Império Romano.

Nero pôs fogo em Roma e colocou a culpa nos cristãos. Foi desencadeada a primeira e mais cruel perseguição do Estado contra a igreja de Deus. Internamente, no seio da igreja, o número de falsos mestres e hereges aumentava, com a propagação de heresias e doutrinas de demônios. Entretanto, Paulo não estava preocupado consigo, mas com o futuro da igreja e com a entrega da sã doutrina às novas gerações. Ele, então, apela a Timóteo que guardasse o "bom depósito" e que continuasse vivendo, pregando, ensinando e defendendo o evangelho. Ele deveria preservar a sã doutrina e levar o evangelho para as novas gerações.

Desta forma, encontramos em 2Timóteo dois princípios que nos ensinam a passar a fé para as novas gerações: a fé se aprende em casa e a fé se consolida na igreja.

FÉ SE APRENDE EM CASA

Paulo destaca a influência do lar sobre a formação espiritual de Timóteo: "Pela recordação que guardo de tua fé sem fingimento, a mesma que, primeiramente habitou em tua avó Loide e em tua mãe Eunice, e estou certo de que também, em ti" (2Timóteo 1:5). A fé sem hipocrisia foi aprendida por Timóteo pelo exemplo familiar de sua avó e de sua mãe.

O pai de Timóteo era grego (Atos 16:1), de maneira que Eunice não deve ter seguido o judaísmo ortodoxo. Entretanto, Loide e Eunice ensinaram a Bíblia para Timóteo desde a sua tenra infância. "Tu, porém, permanece naquilo que aprendeste e de que foste inteirado, sabendo de quem o aprendeste e que, desde a infância, sabes as sagradas letras, que podem tornar-te sábio para a salvação pela fé em Cristo Jesus" (2Timóteo 3:14,15).

Timóteo provavelmente se converteu em Listra, quando Paulo visitara aquela cidade, em sua primeira viagem missionária. Quando Paulo retornou a Listra, em sua segunda viagem missionária, chamou Timóteo para trabalhar com ele no ministério da Palavra. "Chegou também a Derbe e a Listra. Havia ali um discípulo chamado Timóteo, filho de uma judia crente, mas de pai grego; dele davam bom testemunho os irmãos em Listra e Icônio. Quis Paulo que ele fosse em sua companhia e, por isso, circuncidou-o por causa dos judeus daqueles lugares; pois todos sabiam que seu pai era grego" (Atos 16:1-3).

William Hendriksen, comentando essa passagem, resume alguns princípios e métodos de educação em Israel:

1. A educação era teocêntrica em seus princípios, conteúdo e método. Todo israelita obedecia à ordem de Deus de ensinar os seus filhos sobre a Palavra e os feitos de Deus (Gênesis 18:19; Êxodo 10:2; Deuteronômio 4:9,10; 6:7-9; Isaías 38:19).

2. O temor ao Senhor era o conteúdo e o propósito dessa educação (Provérbios 1:7; 9:10; Eclesiastes 12:13).

3. Todo processo educativo era realizado exclusivamente no lar. Excepcionalmente, sacerdotes, levitas, profetas e tutores ensinavam (Números 11:12; 2Samuel 12:25; 2Reis 10:1; 1Crônicas 27:32; Isaías 49:23).

4. A educação começava quando a criança era bem pequena (1Samuel 1:27,28; 2:11,18,19; Provérbios 22:6). As crianças

eram ensinadas a ouvir e respeitar pai e mãe (Provérbios 1:8; 6:20; Êxodo 20:12; 21:15-17; Efésios 6:1-3).[5]

Apesar de a Bíblia mencionar muitas vezes a figura dos pais como a principal fonte de ensino do evangelho, mais recentemente, igrejas evangélicas históricas insistiram em criar modelos alternativos de igrejas locais, na tentativa de manter os filhos dos crentes na fé. Infelizmente, no entanto, essa estratégia não deu certo. Estatísticas apontam que mais da metade das crianças que foram criadas na igreja abandonam a fé na idade adulta, principalmente nos Estados Unidos (Barna Group - www.barna.com). Esse problema levou a liderança da igreja a repensar a sua estratégia. A conclusão que chegaram é que o melhor local para formar espiritualmente os filhos é o lar e os melhores professores são os pais crentes. A solução é retornar ao modelo bíblico.

No modelo de educação judaico-cristã, a família é o primeiro lugar em que as crianças aprendem a amar a Deus e a obedecê-lo. Deus criou a família para que ela fosse o primeiro local de formação espiritual das crianças.

Deus ordenou ao seu povo:

Ouve, Israel, o Senhor, nosso Deus, é o único Senhor. Amarás, pois, o Senhor, teu Deus, de todo o teu coração, de toda a tua alma e de toda a tua força. Estas palavras que,

---

[5] HENDRIKSEN, William. *Comentário do Novo Testamento 1 e 2 Timóteo e Tito*. São Paulo: Cultura Cristã, 2001, p. 364-367.

hoje, te ordeno estarão no teu coração; tu as inculcarás a teus filhos, e delas falarás assentado em tua casa, e andando pelo caminho, e ao deitar-te, e ao levantar-te. Também as atarás como sinal na tua mão, e te serão por frontal entre os olhos. E as escreverás nos umbrais de tua casa e nas tuas portas (Deuteronômio 6:4-9).

Observe os detalhes principais deste trecho:

1. Os professores que Deus designou são os pais e avós. Eles são os primeiros professores das novas gerações, principalmente no período da infância.

2. A motivação dos professores deve ser o amor a Deus e a obediência aos mandamentos de Deus. Trata-se de um amor "total", de coração, alma e força. Isso revela que o ensino deve ser feito também pelo exemplo de vida.

3. O conteúdo do ensino é a Palavra de Deus, pois nela temos os mandamentos, os estatutos e os juízos de Deus.

4. O método de ensino é "inculcar", "falar" e "escrever". Trata-se de um trabalho diário que deve ser feito assentado em casa, andando pela estrada, ao deitar-se e ao levantar-se. Ensinando intencionalmente e intensivamente para a vida prática e diária.

5. O ambiente dessa formação é a casa onde a família mora. O processo de formação é lento e exige perseverança, mas o resultado é a benção divina. Segundo Kurt Bruner e Steve Stroope, há quatro raízes para uma fé duradoura que cresce

na vida familiar[6]: A primeira raiz é a nossa crença. É em casa que aprendemos a Bíblia e a oração. São os nossos pais e avós que nos ensinarão as doutrinas fundamentais da fé cristã. E este ensino oral deve vir acompanhado do exemplo de vida. Paulo exemplifica isso quando escreve a Timóteo: "pela recordação que guardo de tua fé sem fingimento, a mesma que, primeiramente, habitou em tua avó Loide e em tua mãe Eunice, e estou certo de que também, em ti" (2 Timóteo 1:5).

A segunda raiz é a nossa identidade. Meninos e meninas são criados para se tornarem homens e mulheres de Deus, com identidade sexual cristã. A confusão desenfreada da nossa sociedade atual não é uma matriz segura para formar a identidade dos nossos filhos. Em casa, os filhos receberão afeição, aceitação e afirmação. "Criou Deus, pois, o homem à sua imagem, à imagem de Deus o criou; homem e mulher os criou" (Gênesis 1:27).

A terceira raiz é o nosso caráter, que é a soma da nossa carga genética com aquilo que aprendemos em casa. É no ambiente familiar que recebemos as informações, os princípios e os exemplos que ajudarão a formar o nosso caráter. Paulo disse a respeito de Timóteo: "E conheceis o seu caráter provado, pois serviu ao evangelho, junto comigo, como filho ao pai" (Filipenses 2:22).

---

[6] BRUNER, Kurt & Stroope. *A fé começa em casa*. Rio de Janeiro: Thomas Nelson Brasil, 2021.

A quarta raiz é o nosso propósito de vida. Toda pessoa deve ter um senso de propósito na vida. Salomão aprendeu com seus pais: "De tudo o que se tem ouvido, a suma é: Teme a Deus e guarda os seus mandamentos; porque isto é o dever de todo homem" (Eclesiastes 12:13). O propósito de vida de cada cristão deve ser glorificar a Deus e ter comunhão com Ele para sempre. Todo pai deve incutir isso nos seus filhos. Cada lar cristão deve ter um propósito de vida para ensinar aos seus filhos.

A FÉ SE CONSOLIDA NA IGREJA

A fé começa em casa, mas não termina lá. Ela é reforçada, nutrida e expressa na igreja. Lar e igreja se complementam. Pais, avós, pastores e professores devem se unir na formação espiritual das novas gerações. Em 2 Timóteo, Paulo se dirige a Timóteo como "amado filho na fé" (2Timóteo 1:2) e "Tu, pois, filho meu" (2Timóteo 2:1). Timóteo devia a sua vida espiritual a Paulo. A relação entre os dois era de pleno afeto e confiança.

> Espero, porém, no Senhor Jesus, mandar-vos Timóteo, o mais breve possível, a fim de que eu me sinta animado também, tendo conhecimento da vossa situação. Porque a ninguém tenho de igual sentimento que, sinceramente, cuide dos vossos interesses; pois todos eles buscam o que é seu próprio, não o que é de Cristo Jesus. E conheceis o seu caráter provado, pois serviu ao evangelho, junto comigo, como filho ao pai (Filipenses 2:19-22).

Essa relação entre família e igreja na formação espiritual das novas gerações é bíblica. Asafe, o chefe dos cantores do templo, nos ensina que Deus estabeleceu uma lei para as famílias crentes:

Ele estabeleceu um testemunho em Jacó, e instituiu uma lei em Israel, e ordenou a nossos pais que os transmitissem a seus filhos, a fim de que a nova geração os conhecesse, filhos que ainda hão de nascer se levantassem e por sua vez os referissem aos seus descendentes; para que pusessem em Deus a sua confiança e não se esquecessem dos feitos de Deus, mas lhe observassem os mandamentos; e que não fossem, como seus pais, geração obstinada e rebelde, geração de coração inconstante, e cujo espírito não foi fiel a Deus (Salmos 78:5-8).

Dessa maneira, Asafe nos ensina três princípios espirituais. Em primeiro lugar, a sociedade se estrutura por gerações. Uma geração convive simultaneamente com três outras, gerando aquilo que é chamado de "conflito de gerações".

Em segundo lugar, cada geração deve influenciar positivamente a próxima geração, para que ela seja mais crente e mais fiel a Deus. Quando esta influência positiva não acontece, as gerações subsequentes se afastam de Deus. Veja o exemplo bíblico: "Foi também congregada a seus pais toda aquela geração; e outra geração após eles se levantou, que não conhecia o Senhor, nem tampouco as obras que fizera a Israel. Então, fizeram os filhos de Israel o que era mau perante o Senhor; pois serviram aos baalins. Deixaram o Senhor, Deus de seus pais, que os tirara da terra do Egito, e foram-se após outros deuses, dentre os deuses das gentes que havia ao redor deles, e os adoraram, e provocaram o Senhor à ira" (Juízes 2:10-12).

Em terceiro lugar, o local principal da formação espiritual é o lar e os pais devem ser os mentores espirituais dos seus filhos. A igreja deve ser uma parceira da família reforçando e corroborando com aquilo que foi ensinado.

Neste sentido, na segunda carta de Paulo a Timóteo vemos quatro princípios que revelam a participação da igreja na formação das novas gerações:

1. A igreja deve amar as novas gerações

Em primeiro lugar, a igreja precisa amar as novas gerações para poder investir nelas. Paulo amava Timóteo e expressava isso para todos. Quem ama sempre se lembra do outro. Quem ama jamais esquece e quem é amado jamais é esquecido.

Paulo não conseguia esquecer-se de Timóteo. Ele era lembrado em diversas ocasiões. O apóstolo lembrava dele nas orações: "porque, sem cessar, me lembro de ti nas minhas orações, noite e dia" (2Timóteo 1:3). A maior prova de amor é a oração.

Além disso, Timóteo era também lembrado por causa dos seus sentimentos: "Lembrado das tuas lágrimas, estou ansioso por ver-te, para que eu transborde de alegria" (2Timóteo 1:4). Provavelmente, quando Timóteo se separou de Paulo pela última vez, houve muita emoção e choro. Por isso, Paulo está ansioso para reencontrá-lo com muita alegria. Quem ama deseja a presença do outro.

Por fim, Timóteo era também lembrado por causa da sua fé: "pela recordação que guardo de tua fé sem fingimento, a mesma que, primeiramente, habitou em tua avó Loide e em tua mãe Eunice, e estou certo de que também, em ti" (2 Timóteo 1:5). Paulo observara Timóteo durante o período que trabalharam juntos. Ele constatou que a fé de Timóteo era autêntica, pois havia sido criado num lar piedoso. A melhor maneira de encorajar uma pessoa é dizer-lhe que nos lembramos dela.

Quem ama também reconhece o valor do outro. Geralmente, a geração presente sente-se melhor que as futuras e as do passado. Paulo pensa diferente e valoriza o jovem pastor Timóteo. Ele era jovem, naturalmente tímido e sofria de algumas doenças. Humanamente, era um vaso fraco, que tinha que continuar batalhando, em dias maus. Paulo o encoraja e o admoesta revelando o quanto ele era preciso. Timóteo era um pastor com dons espirituais: "Por esta razão, pois, te admoesto que reavives o dom de Deus que há em ti pela imposição das minhas mãos" (2 Timóteo 1:6). Timóteo também foi avaliado e aprovado pelo presbitério, que o ordenou (1 Timóteo 4:14).

A vocação ministerial de Timóteo era um fato. O seu dom de pastor era como uma chama de fogo que não deveria se apagar. E Paulo lembra ainda: *"Porque Deus não nos tem dado espírito de covardia, mas de poder, de amor e de moderação"* (2 Timóteo 1:7). O Espírito Santo que habita o crente não é de timidez ou de fraqueza de ânimo, mas de poder para testemunhar e servir (Atos 1:8). É o Espírito de poder (*dinamis* = capacidade divina e força sobrenatural), de amor (ágape = amor divino com todas as suas qualidades) e de moderação (*sophronismos* = disciplina, autocontrole e lucidez). O Espírito que habitava em Timóteo o capacitaria a realizar o seu ministério.

Precisamos amar as novas gerações e mostrar isso para elas. Amar orando, valorizando e encorajando.

2. A igreja deve mostrar o valor da fé para as novas gerações

A igreja deve mostrar para as novas gerações que a fé que nos foi dada é muito preciosa e jamais devemos renunciar a ela. Paulo vai encorajar Timóteo usando três argumentos.

Em primeiro lugar, o evangelho jamais nos envergonhará. "Não te envergonhes, portanto, do testemunho de nosso Senhor, nem do seu encarcerado que sou eu" (2Timóteo 1:8). Por mais difícil que seja a situação, nenhum de nós tem motivos para se envergonhar do evangelho de Cristo nem daqueles que são "prisioneiros do Senhor". Pelo contrário, devemos sofrer juntos, a favor do evangelho.

Em segundo lugar, o evangelho é a única coisa nessa vida pela qual vale a pena sofrer. Em 2Timóteo 1:8-11, Paulo descreve o evangelho: É o evangelho do poder: "segundo o poder de Deus". É o evangelho da salvação: "que nos salvou". É o evangelho do chamado para a santificação: "e nos chamou com santa vocação". É o evangelho da eleição graciosa: "não segundo as nossas obras, mas conforme a sua própria determinação e graça que nos foi dada em Cristo Jesus, antes dos tempos eternos". É o evangelho de Jesus Cristo: "e manifestada, agora, pelo aparecimento de nosso Salvador Cristo Jesus". É o evangelho da vida e da imortalidade: "o qual não só destruiu a morte, como trouxe à luz a vida e a imortalidade, mediante o evangelho". É o evangelho que precisa ser compartilhado: "para o qual eu fui designado pregador, apóstolo e mestre".

Em terceiro lugar, Paulo deixa claro que este é o evangelho que nos foi confiado: "Guarda o bom depósito, mediante o Espírito Santo que habita em nós". "Guardar" é conservar e proteger a Palavra de Deus da distorção e corrupção dos falsos mestres. Manter e guardar o evangelho e a sã doutrina é responsabilidade de todo crente ou de cada geração até a segunda vinda de Cristo.

3. A igreja deve fazer discípulos nas novas gerações

O imperativo da Grande Comissão é "fazei discípulos em todas as nações" (Mateus 28:19). A igreja precisa fazer discípulos entre as novas gerações. E para isso, precisamos tomar o fortificante da graça que está em Jesus Cristo. Paulo ordena a Timóteo: "Tu, pois, filho meu, fortifica-te na graça que está em Cristo Jesus" (2Timóteo 2:1). O verbo "fortificar" (*endonamoo*) significa "revigorar", "dar energia", "adquirir forças". Trata-se de um imperativo no tempo presente, que indica uma ordem contínua.

Timóteo precisa tomar o fortificante espiritual continuamente, todos os dias. Fazer discípulos, guardar a sã doutrina e enfrentar os falsos mestres é uma tarefa árdua que precisa do poder e da graça de Cristo.

A ele, também, é ordenado passar a fé adiante: "E o que de minha parte ouviste através de muitas testemunhas, isso mesmo transmite a homens fiéis e, também, idôneos para instruir a outros" (2Timóteo

2:2). Aqui há uma cadeia de ensino: Paulo recebeu de Cristo o depósito da fé: evangelho e a sã doutrina (Gálatas 1:11,12). Paulo, por sua vez, confiou essa mesma fé a Timóteo (2Timóteo 1:12,13). Timóteo deve transmitir a homens fiéis (crentes e confiáveis) e idôneos (compatíveis para o ensino). Warren Wiersbe comenta: "Somos despenseiros do tesouro espiritual que Deus nos deu. É nossa responsabilidade guardar e depois investir esse depósito na vida de outros. Estes, por sua vez, devem compartilhar a Palavra com a geração seguinte de cristãos".[7] A ideia é de uma rede de discipulado de geração para geração.

4. A igreja deve mostrar o valor eterno da Bíblia para as novas gerações

A cada geração que passa, os dias pioram e os tempos são difíceis e malignos. As gerações que se aproximam da segunda vinda de Jesus sofrerão mais neste mundo. Para enfrentar esses tempos difíceis, as novas gerações precisam se firmar na Palavra de Deus. Há três orientações fundamentais de Paulo para Timóteo.

Em primeiro lugar, permaneça na Palavra de Deus. "Tu, porém, permanece naquilo que aprendeste e de que foste inteirado, sabendo de quem o aprendeste e que, desde a infância, sabes as sagradas letras, que podem tornar-te sábio para a salvação pela fé em Cristo Jesus" (2Timóteo 3:14,15). As novas gerações precisam permanecer firmes

---

[7] WIERSBE, Warren W. *Comentário bíblico expositivo do Novo Testamento*: Volume II. Santo André, SP: Geográfica, 2006, p. 318.

na Palavra, sabendo que quem os ensinou o fez em amor e fidelidade a Deus. Não abra mãos de sua fé nem se afaste da sã doutrina.

Em segundo lugar, alimente-se e viva da Palavra de Deus. "Toda a Escritura é inspirada por Deus e útil para o ensino, para a repreensão, para a correção, para a educação na justiça, a fim de que o homem de Deus seja perfeito e perfeitamente habilitado para toda boa obra" (2Timóteo 3:16,17). A Bíblia deve ser vivida por causa da sua origem e natureza. Ela vem de Deus e a sua natureza é divina. Ela não é um livro comum, mas a revelação escrita de Deus. A expressão grega "*theopneustos*" (Theos = Deus + pneu = sopro ou expiração) explica esse conceito. A ideia é que a Bíblia foi "soprada" por Deus.

A Bíblia também é valorosa quanto à sua utilidade de nos educar. John Flavel diz: "As Escrituras ensinam-nos a melhor maneira de viver, a mais nobre forma de sofrer e o modo mais confortável de morrer". Encerrando, a Bíblia é importante quanto à sua finalidade, que é aperfeiçoar o caráter do crente e o capacitar para realizar a obra de Deus.

Em terceiro lugar, Paulo orienta a pregação da Palavra de Deus. "Prega a palavra, insta, quer seja oportuno, quer não, corrige, repreende, exorta com toda a longanimidade e doutrina" (2Timóteo 4:2). A pregação não é uma opção, mas uma ordem de Deus. A pregação da Palavra deve ter a primazia na vida das novas gerações. Elas não sobreviverão espiritualmente senão pela pregação da Palavra. Ela é indispensável e essencial para o cristianismo. A fé cristã só sobrevive e se expande pela pregação da Palavra de Deus.

Concluindo, afirmamos a necessidade da parceria entre as famílias cristãs e a igreja local. A fé se aprende e tem o seu início no lar. A igreja, porém, tem o papel de corroborar, consolidar e reconhecer o ensino da Palavra de Deus. A igreja é uma família de famílias reunidas em torno de Jesus Cristo e da sua Palavra eterna.

6

EPAFRAS:
Servindo a Deus numa cultura de celebridades

Arival Dias Casimiro

Fiquei estarrecido com a atitude de um colega que me questionou por que eu não tinha uma vaga exclusiva no estacionamento da igreja. Eu lhe perguntei: "Por que o pastor efetivo da igreja deveria ter uma vaga privilegiada?". Ele me respondeu: "Você é um pastor celebridade e pastoreia uma igreja de celebridades". Eu não sou pastor celebridade nem pastoreio uma igreja de celebridades, mas isso me levou a pesquisar e concluir que a postura mundana da cultura de celebridades está invadindo a igreja. Pastores, professores, músicos e cantores estão assumindo a postura de celebridades. E o pior é que os membros da igreja gostam e motivam essa ideia.

Oximoro é uma figura de linguagem que junta termos totalmente contraditórios ou opostos. "Cristão celebridade" é um exemplo de oximoro que deve ser tratado apenas como ironia ou sarcasmo. Celebridade é um termo que não existe na Bíblia e não tem espaço na igreja, exceto quando aplicada a Deus. A Ele somente todo louvor e adoração. E a razão teológica para isso é que o conceito de celebridade está ligado à imagem. A imagem é discurso cuidadosamente inventado e construído sobre uma pessoa. O propósito é projetar a ideia de uma pessoa especial que está acima das outras, tornando-a em uma celebridade. Lembre-se, porém, de que imagem na Bíblia está ligada à idolatria. Trata-se da tentativa de tomar a glória que pertence somente a

Deus e dá-la a outra pessoa ou coisa. "Eu sou o Senhor, este é o meu nome; a minha glória, pois, não a darei a outrem, nem a minha honra, às imagens de escultura" (Isaías 42:8).

A Bíblia diz que todo cristão é alguém que segue a Cristo e está sendo transformado à sua imagem. Então, sempre que colocamos um cristão em um pedestal, desejando ser como ele por causa da imagem que projeta, praticamos a idolatria. Isso é uma abominação diante de Deus e as consequências são nefastas. Muitos cristãos que se tornam celebridades, tomados pelo orgulho, caem em pecado. Por isso, não participe de uma cultura cristã que constrói e homenageia celebridades humanas.

Em sua época, Paulo lutou contra uma versão de cultura das celebridades. Reconhecidamente, ele não era um grande orador. Os cristãos de Corinto fizeram uma espécie de concurso de popularidade, optando pelos líderes que eles consideravam melhores oradores. Eles diziam: eu sou de Paulo, eu de Apolo, eu de Pedro e eu de Cristo. Paulo exorta-os: "Porquanto, havendo entre vós ciúmes e contendas, não é assim que sois carnais e andais segundo o homem? Quando, pois, alguém diz: Eu sou de Paulo, e outro: Eu, de Apolo, não é evidente que andais segundo os homens? Quem é Apolo? E quem é Paulo? Servos por meio de quem crestes, e isto conforme o Senhor concedeu a cada um" (1Coríntios 3:3-5). Os pregadores são meros instrumentos que Deus usa para promover a fé dos eleitos. É loucura se gloriar em homens. Tal procedimento revela imaturidade e carnalidade.

A maior tentação que sofremos na cultura das celebridades é enaltecer as nossas experiências pessoais com Deus. Vangloriar-nos e tornar-nos soberbos com aquilo que Deus nos dá graciosamente, para a glória dele. Paulo, contra a sua vontade, revela suas experiências, usando a terceira pessoa. Deus o honrou levando-o para o céu dando--lhe e mostrando-lhe coisas extraordinárias.

Se é necessário que me glorie, ainda que não convém, passarei às visões e revelações do Senhor. Conheço um homem em Cristo que, há catorze anos, foi arrebatado até ao terceiro céu (se no corpo ou fora do corpo, não sei, Deus o sabe). E sei que o tal homem (se no corpo ou fora do corpo, não sei, Deus o sabe) foi arrebatado ao paraíso e ouviu palavras inefáveis, as quais não é lícito ao homem referir" (2Coríntios 12:1-4).

Paulo teve visões e revelações, quatorze anos antes de escrever essa carta. Quatro observações necessárias:

1. *A fonte dessas visões e revelações:* "do Senhor" (v.1). Paulo foi um dos escritores do Novo Testamento. Ele recebeu de Deus visões e revelações. Calvino comenta: "Existe uma distinção entre visões e revelações. A revelação, às vezes, tem lugar ou por meio de um sonho ou de um oráculo no qual nada aparece ante os olhos; enquanto uma visão dificilmente é concedida sem uma revelação, ou seja, sem que o Senhor faça patente o que pretende mostrar". Ele confessa ter recebido o evangelho por revelação (Gálatas 1:12) bem como outros temas (Efésios 3:3-5; 1Coríntios 2:9,10; 1Tessalonicenses 4:15).

2. *O lugar onde as visões e revelações aconteceram:* "terceiro céu" é uma variante de "paraíso" (Lucas 23:43; Apocalipse 2:7), lugar onde Deus habita com os seus santos. Simon Kistemaker diz que o primeiro céu é atmosfera; o segundo céu, espaço; e o terceiro céu, morada de Deus.[8] O número três é usado como valor perfeito, elevado e completo. Lugar onde Deus habita com os anjos e os santos redimidos.

3. *O conteúdo das visões e revelações:* "ouviu palavras inefáveis, as quais não é lícito ao homem referir" (v.4). A palavra "referir" (*arreta*) só aparece aqui em todo Novo Testamento. A ideia é de coisas sagradas demais que não podem ser divulgadas e que foram dirigidas somente a ele. Paulo não recebeu autorização para falar sobres as coisas que vivenciou.

4. *O perigo das visões:* o homem buscar glória para si mesmo. "De tal coisa me gloriarei; não, porém, de mim mesmo, salvo nas minhas fraquezas. Pois, se eu vier a gloriar-me, não serei néscio, porque direi a verdade; mas abstenho-me para que ninguém se preocupe comigo mais do que em mim vê ou de mim ouve". (2Coríntios 12:5,6). Paulo não quer ser tolo de gloriar-se para proveito próprio de algo que foi Deus que fez. Qualquer pessoa poderia orgulhar-se de uma experiência como essa e sair divulgando, para promover a sua espiritualidade.

---

[8] KISTEMAKER, Simon. *Comentário do Novo Testamento: 2Coríntios*. São Paulo: Cultura Cristã, 2004, p. 569.

A tentação de buscar ser "alguém" é muito forte em nossa cultura movida por celebridades. Como líderes da igreja, é fácil sucumbir a essa maldita cultura e, em vez de buscarmos a aprovação de Deus, procuramos buscar a aprovação das pessoas. Trabalhe para que Jesus seja mais conhecido e você, menos. Use as redes sociais para levar o evangelho ao maior número de pessoas.

Neste capítulo destacaremos a vida e o ministério de Epafras. Ele foi um homem usado por Deus no contexto da igreja primitiva. Ele é um protótipo de servo que deve ser imitado, principalmente nesses tempos de celebridades. Ele evangelizou as cidades do Vale do Lico, na Frígia, sob a orientação do apóstolo Paulo, provavelmente, seu pai na fé. De Éfeso, ele foi enviado para plantar as igrejas em Colossos, Hierápolis e Laodiceia. Visitou Paulo durante a sua prisão em Roma, levando notícias sobre a situação das igrejas do Vale do Lico. Essas igrejas lutavam contra o gnosticismo, o que motivou Paulo a escrever a sua carta aos Colossenses. Olhando para os textos bíblicos sobre Epafras, aprendemos algumas lições.

A IDENTIDADE DE EPAFRAS

Quando o tema é servir a Deus, o ser vem antes do fazer. Adoramos a Deus porque somos sacerdotes dele. Obedecemos a Deus porque somos seus filhos. O trabalho para Deus é uma atividade decorrente da nossa identidade. Vejamos:

Primeiro, Epafras é um conservo

Paulo escreve: "segundo fostes instruídos por Epafras, nosso amado conservo" (Colossenses 1:7). A palavra "conservo" (*sundoulos*) significa "coescravo" ou um "escravo companheiro" que serve ao mesmo amo. A palavra "servo" (*doulos*) significa "escravo". Nessa condição, ele não tem direitos, nem vontade própria, nem recursos, nem planos pessoais nem privilégios. Esta é a posição mais humilde na casa de Deus. Paulo, ao chamá-lo de "amado conservo", revela que o amor os une e reconhece que são iguais no tocante ao serviço a Deus, mesmo sendo ele um apóstolo. "Paulo, servo de Jesus Cristo, chamado para ser apóstolo, separado para o evangelho de Deus" (Romanos 1:1). Paulo é um servo (*doulos*), um escravo sem vontade própria que vive exclusivamente para servir ao Senhor Jesus Cristo. Esta palavra foi usada no Antigo Testamento para identificar homens de Deus, com um título honroso (Josué 1:2; 24:29; Amós 3:7). A motivação do serviço é o amor ao Senhor.

Hoje em dia, uma das principais causas de desânimo e desunião entre líderes é a comparação. Comparamos a quantidade de títulos acadêmicos, o tamanho e a quantidade de membros da igreja local e o número de seguidores nas redes sociais. A motivação para isso é identificar quem é o maior ou o melhor entre nós. Isso é reflexo de que estamos sucumbindo à cultura das celebridades. Esquecemos que todo crescimento na esfera do Reino vem de Deus. Toda glória, pois, a Ele.

Entre os apóstolos de Jesus, houve uma discussão a respeito de quem era o maior. Tiago e João fizeram um ambicioso pedido a Jesus:

"Permite-nos que, na tua glória, nos assentemos um à tua direita e o outro à tua esquerda" (Marcos 10:37). Jesus lhes respondeu: "Vocês não sabem o que estão pedindo". O que aqueles discípulos ignoravam? Primeiro, a natureza do Reino de Jesus. Eles criam num reino terreno, mas o Reino de Jesus é espiritual. Segundo, as posições de honra no Reino de Jesus já estão preparadas por Deus para pessoas que Ele já escolheu. O pedido ambicioso dos dois discípulos gerou a indignação dos outros dez. Jesus, então, chama os doze para junto de si e lhes dá três lições sobre relacionamento entre irmãos na igreja:

1. A igreja é diferente de todas as instituições ou empresas humanas, principalmente quanto à ocupação dos cargos e privilégios. Igreja não é empresa.

2. O serviço ao próximo é o critério de projeção ou promoção de pessoas na igreja. Quem aspira crescer precisa servir muito mais.

3. Jesus é o modelo ou referencial de liderança na igreja. Ele é grande porque serviu; Ele foi exaltado porque se humilhou (Filipenses 2:9-11). Devemos servir como Ele.

Precisamos resgatar esse conceito bíblico de servos iguais. "Prostrei-me ante os seus pés para adorá-lo. Ele, porém, me disse: Vê, não faças isso; sou conservo teu e dos teus irmãos que mantêm o testemunho de Jesus; adora a Deus. Pois o testemunho de Jesus é o espírito da profecia" (Apocalipse 19:10). Não devemos adorar ou idolatrar pessoas. "Eu, João, sou quem ouviu e viu estas coisas. E, quando as ouvi e vi, prostrei-me ante os pés do anjo que me mostrou essas coisas, para adorá-lo. Então, ele me disse: Vê, não faças isso; eu sou conservo teu, dos teus irmãos, os profetas, e dos que guardam as palavras deste livro. Adora a Deus" (Apocalipse 22:8,9). Não adore criaturas e a criação, mas adore a Deus.

Epafras é um fiel ministro de Cristo.

Paulo declara: "e, quanto a vós outros, fiel ministro de Cristo" (Colossenses 1:7). Ele respalda o ministério de Epafras, destacando três coisas importantíssimas:

1. Ele é um ministro. A palavra "ministro" (*diáconos*) significa literalmente "aquele que serve a mesa" (Lucas 10:40; Atos 6:1). Mas o significado dessa palavra deriva da pessoa de Jesus Cristo e da sua ação amorosa em prol do homem. "No meio de vós, eu sou como quem serve" (Lucas 22:27). Jesus não veio para ser servido, mas para servir (Mateus 20:28). Todo cristão é um diácono que deve imitar a Jesus Cristo, servindo a Deus e aos irmãos (1João 3:16). Não se trata de um dom ou ofício, mas de uma atitude espiritual.

2. Ele é um ministro de Cristo. Ele não é ministro da igreja, de uma denominação ou de uma organização eclesiástica, mas de Cristo. Ele foi eleito, chamado e capacitado por Cristo. Ele presta contas a Cristo, que é o seu Senhor. Hoje, na cultura cristã das celebridades, pastores são proprietários de ministérios próprios. Muitos não servem a Cristo, mas a si mesmos.

3. Ele é um ministro fiel. Ele é fiel a Cristo, fiel a Paulo e fiel ao seu chamado. Ele se manteve fiel na pregação do evangelho, no ensino da sã doutrina e ao enfrentar os falsos mestres do gnosticismo. Ele era confiável. Sua mensagem era a sua vida. Sua devoção a Jesus Cristo era incondicional e constante. Alguns manuscritos gregos têm "em nosso nome", o que sugere que Epafras era o representante de Paulo para a igreja ali. Ele falava como se fosse o próprio Paulo.

Como um fiel ministro de Cristo sobrevive numa cultura de celebridades?

Primeiro, busque e cultive a humildade. Ela é a marca registrada de qualquer servo de Deus verdadeiramente vocacionado. Todos somos pessoas orgulhosas buscando humildade pela graça de Deus. "Humilhai-vos, portanto, sob a poderosa mão de Deus, para que ele, em tempo oportuno, vos exalte, lançando sobre ele toda a vossa ansiedade, porque ele tem cuidado de vós" (1Pedro 5:6,7). Lembre-se de que em toda a nossa caminhada cristã, o orgulho é o nosso maior inimigo e a humildade, a nossa maior amiga. C.J. Mahaney define a humildade da seguinte maneira: "Humildade é avaliarmos a nós mesmos honestamente à luz da santidade de Deus e da nossa pecaminosidade. Esta é a realidade dupla na qual toda humildade genuína está alicerçada: a santidade de Deus e a nossa pecaminosidade". [9]

---

[9] MAHANEY, C.J. *Humildade: verdadeira grandeza.* São José dos Campos, SP: Fiel, 2011, p. 22-23.

Segundo, use a tecnologia para promover o evangelho e não a si mesmo. As redes sociais são ferramentas neutras, não são boas nem más, pois apenas revelam e amplificam o que é colocada nelas. Elas podem ser usadas para alcançar pessoas com mensagens bíblicas. Os melhores líderes usam qualquer influência que tenham para promover uma causa, não a si mesmos.

O MINISTÉRIO DE EPAFRAS

Epafras era natural de Colossos e representante fiel do apostolo Paulo. Foi ele que levou o evangelho pela primeira vez aos colossenses: "por causa da esperança que vos está preservada nos céus, da qual antes ouvistes pela palavra da verdade do evangelho, que chegou até vós; como também, em todo o mundo, está produzindo fruto e crescendo, tal acontece entre vós, desde o dia em que ouvistes e entendestes a graça de Deus na verdade" (Colossenses 1:5,6). Também ele pastoreou a igreja instruindo-a na Palavra e levando-a à maturidade: "segundo fostes instruídos por Epafras, nosso amado conservo e, quanto a vós outros, fiel ministro de Cristo, o qual também nos relatou do vosso amor no Espírito" (Colossenses 1:7,8). A maior evidência da maturidade é a prática do amor uns com os outros.

O ponto principal do ministério de Epafras é a sua vida de oração pela igreja. Ele estava preso com Paulo em Roma (Filemom 23), mas jamais deixou de interceder por suas ovelhas. Paulo testemunha: "Saúda-vos Epafras, que é dentre vós, servo de Cristo Jesus, o qual se esforça sobremaneira, continuamente, por vós nas orações, para que vos conserveis perfeitos e plenamente convictos em toda a vontade de

Deus. E dele dou testemunho de que muito se preocupa por vós, pelos de Laodiceia e pelos de Hierápolis" (Colossenses 4:12,13). Vejamos algumas lições:

Primeira, Epafras é um servo de Cristo Jesus: "Saúda-vos Epafras, que é dentre vós, servo de Cristo Jesus". No sentido natural "era um de vocês", ou seja, nativo de Colossos. No sentido espiritual, ele é um servo (*doulos*) de Cristo Jesus. William Hendriksen comenta: "O servo de Cristo Jesus é aquele que foi comprado por um preço e, portanto, pertence ao seu Senhor, de quem depende completamente, a quem deve lealdade indivisível e a quem ministra com alegria no coração, em novidade de espírito e no gozo da perfeita liberdade, recebendo dele uma gloriosa recompensa".[10] Todo cristão é também um servo.

Segunda, é um servo que intercede pelos seus irmãos. Ele orava "continuamente". A ideia é de perseverança e constância. Ele não orava quando tinha vontade ou porque era convocado para orar. Ele orava sem cessar. Ele orava "esforçando sobremaneira". A ideia é de uma luta ou esforço agonizante tal como um atleta em sua prática esportiva. É o mesmo esforço de Jesus no Getsêmani (Lucas 22:44) e o pedido de Paulo aos crentes de Roma (Romanos 15:30). Orava pessoalmente "por vós". Ele concentrava todas as suas orações para os crentes de Colossos, Hierápolis e Laodiceia. Ele focava especificamente nas pessoas e famílias da igreja. Ele orava *com propósitos específicos*: "para que vos conserveis perfeitos e plenamente convictos em

---

[10] HENDRIKSEN, William. *Comentário do Novo Testamento: 1 e 2 Tessalonicenses, Colossenses e Filemom*. São Paulo: Cultura Cristã, 2007, p. 464.

toda a vontade de Deus". O propósito era o amadurecimento e o discernimento espiritual. O seu propósito era que os crentes não fossem enganados pelo falso ensino. Permanecer fiel à Palavra de Deus e à suficiência completa da pessoa e obra de Jesus. Ele orava *sacrificialmente*: "E dele dou testemunho de que muito se preocupa por vós". "Muito se preocupa" (*ponos*) significa "labor", "trabalho cansativo" e "aflição". Ele orava *com toda a sua energia e esforço* (Colossenses 2:1). Para que a benção chegue é preciso interesse e intensidade. A oração que não custa nada não realiza nada.

A arma mais eficiente para vencer a cultura de celebridades é a oração. Orar é reconhecer-se incompetente e impotente. Orar é evidência de limitação e incompetência. Orar é apresentar-se a Deus com um atestado de pobreza ou uma declaração de incapacidade. Orar é pedir; e quem pede é fraco e dependente. Orar é quebrantar-se, é abrir mãos da autoconfiança e da independência de Deus. Orar é humilhar-se diante de Deus, submetendo-se à sua vontade. Orar é buscar a promoção da glória de Deus e não a nossa. Na oração encontramos paz e o esvaziamento do nosso eu. Na oração todos os nossos ídolos são destruídos, principalmente, o de ser uma celebridade. Na oração aprendemos a ser mais exigentes conosco e menos com os outros.

Concluindo, Epafras era um líder que evangelizava, instruía e intercedia pelas pessoas. Ele era um pastor, plantador de igrejas. O segredo do seu ministério era sua paixão. Ele pregava o evangelho, a mensagem mais revolucionária e transformadora que existe, movido pela paixão.

Albert Mohler diz: "O líder apaixonado é conduzido pelo conhecimento de que as crenças certas, dirigidas à oportunidade certa, podem conduzir para mudanças abaladoras. O líder cristão encontra paixão nas grandes verdades da fé cristã, especialmente no evangelho de Jesus Cristo. Ninguém que tenha experimentado o poder transformador e redentor do evangelho verdadeiramente pode pensar sobre a vida sem paixão. A liderança surge da paixão e é dirigida por ela".[11] A paixão proveniente do evangelho sempre promoverá a glória de Deus. O verdadeiro evangelho não produz celebridades.

---

[11] MOHLER, Albert. *Convicção para liderar*. São Paulo: CLC Lifeway, 2014, p. 49-50.

Sua opinião é importante para nós.
Por gentileza, envie-nos seus comentários pelo e-mail:

editorial@hagnos.com.br

Visite nosso site:

www.hagnos.com.br